# 65歳からの孤独を楽しむ練習

高
医学

はじめに

# 後半生がいっそう輝く、満たされる！ 元気な脳と心と体で「ハツラツ70代」を実現！

一人でいることに淋しさを覚えたとき、自分は精神的に耐えられるだろうか？

この先の長い人生、孤独感や不安感とうまく付き合っていけるだろうか？

今は、一人の生活を満喫しているけれど、将来の健康は大丈夫だろうか？


これらの疑問への私の答えは、こうです。

**「大丈夫！　あなたは決して、孤独に負けてしまうような弱い存在ではありません」**

これが本書の結論です。


なぜ、そう断言できるのか？

それは、「高齢者の孤独」について、最近わかってきた**新事実**があるからです。

その新事実とは、「腸内細菌」の影響です。

人間の腸内に棲《す》む細菌と、私たちが感じる孤独。一見、まったく関係はなさそうです。

しかし、年を取って食生活が変わると、それによって腸内細菌も影響を受けます。その**腸内細菌が、私たちの脳に影響を与え、不安や孤独感を加速させ、人を悩ませる**原因になっているようだと、最近の研究から明らかになってきました。その詳しいしくみについては4章で解説しています。

## 「孤独」は社会や周囲の勝手な決めつけ!?

腸内細菌が脳に影響を与え、孤独感を加速させるという新事実に加え、メディアや社会は、孤独感を大きくあおってきました。

たとえばテレビドラマやCMには、高齢の夫婦が仲むつまじく微笑み合い、孫まで揃った家族が、和気あいあいとしている光景が、よく登場しました。

現代では、そんな生活をしている人はそう多くないはずですが、いつのまにか私たちは、「幸せであるためには、そうあるべきだ」と、思い込んでしまっています。

そしてSNSが、これにさらに拍車をかけます。

ネットを見れば、皆がキラキラした日常の一瞬（どこまで本当なのかわかりませんが）を自慢げに競い合うように投稿しています。そんなものばかり見させられたら、どうしたって自分は世の中の例外、少数派のように感じてしまうでしょう。今まで、一人の暮らしを存分に満喫していた人でさえ、不安や淋しさを感じてしまうでしょう。

つまり私たちは、本当のところ孤独なのではなく、体内のホルモンや社会の趨勢《すうせい》の影響で、幻想ともいえる孤独感を植えつけられ、刷り込まれてしまっているのです。

しかし、大丈夫なのです。

前者は食べ物などをちょっと変えることで克服できますし、後者は人間関係のあり方について少々の意識変革をし、無理のない、あなたならではの「生きがい」を作っていくことで対処できます。

そう、「孤独感」は、**科学的に対処できる心理的な現象**なのです。メディアの虚像に惑わされ、人生の貴重な時間を、くよくよ悩んで過ごす必要などまったくありません。

かくいう私も、昔からのＨＳＰ（超敏感気質）のせいで、孤独感を繊細に抱いてしまうことに加え、妻を亡くし、子供との関係も薄くなり、仕事の一線からも退いて、気が滅入ってどうしようもなかった時期がありました。

そんな私でも、自分の心や体の中で起こっていることを知り、簡単な対処法をいろいろ試すうちに、今では皆さんに孤独感を消し去る方法をお教えするまでに至りました。ですから、本書を読めば、気分を明るくし、感謝に満ちた日々を送れるよう簡単に変えられると確信しています。

年を取れば社会の一線から離れ、人間関係も四六時中、面と向かうようなものではなくなります。それに対して、一人で考える時間は、とてつもなく増えてきます。

でも、それは辛いことなどではなく、**今まで自分が体験してきたことを集大成し、新たな形で世の中に貢献し、さらには自分だけの幸福感に浸れる期間を作る「恵み」の時間**だと私は考えています。

**そんな幸福な時間を作るために、孤独感への対処法は、ぜひ知っておいてほしいのです。**

私は医学者であり、ずっと大学で医学を教えてきた人間です。だから本書で述べることは、精神論などではなく、「科学的な、根拠《エビデンス》のある対処法」です。実際にやってみれば、何かが変わり、結果の出る方法ばかりです。

人生の一瞬一瞬を大切にするため、本書を大勢の方がうまく活用していただければ、著者としてこれ以上の喜びはありません。

高田明和

もくじ



# 1章
# 「孤独の正体」がわかると楽しくなる
……大勢に囲まれてても淋しい日本人、
一人でも幸せなフィンランド人!?

# 2章

# 「一人は淋しい」なんてメディアの嘘！

……人はもともと一人じゃない

# 3章
## 孤独感で病気になる人、楽しめる人
……うつ、認知症。孤独感が体に及ぼす見逃せない影響

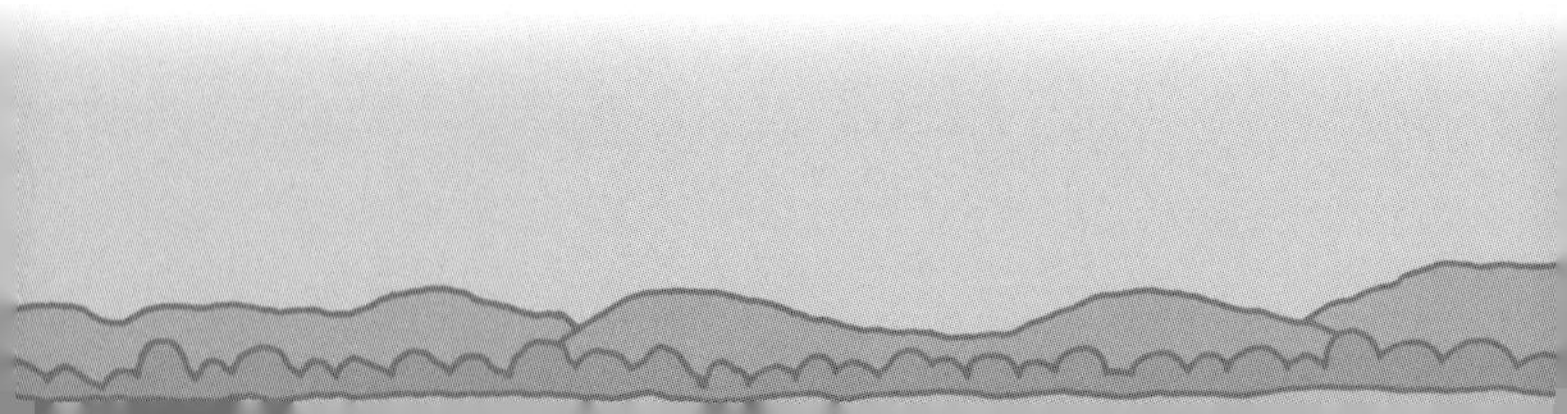

# 4章

# まさか！ 腸内細菌で、孤独が楽しめる!?

……最新医学でわかった！ 胃腸の不思議と新常識

# 5章 この食べ物で孤独感が消えた！

……食習慣を変えたら気力充実、ルンルンに！

# 6章

# 備えあれば憂いなし!? 人間関係の不意打ち

……いい付き合いが持続するコツ、プッツリ途絶える落とし穴

## 7章

# 気にしない！ゆっくり365日を楽しむ練習

……趣味、社会貢献、お天道さまも微笑む時間の過ごし方

編集協力　中川賀央
イラスト　茶畑和也
本文図版　ウエイド

# 1章

# 「孤独の正体」がわかると楽しくなる

……大勢に囲まれてても淋しい日本人、一人でも幸せなフィンランド人!?

## 幽霊の正体と同じ!? 孤独の正体

年を取るごとに、人はだんだん「孤独」を恐れるようになります。

会社を定年退職し、日常の人間関係から孤立してしまった。友人も地元を離れたりして、次々といなくなる。たとえ結婚していても家族がいても、子供たちは自立し、やがては伴侶にも先立たれるかもしれない……。

メディアも孤独死が社会問題化！　などと深刻な現象として危機感をあおりますから、不安になるのは当然です。

でも、本当に孤独は、それほど恐ろしい問題なのでしょうか？

「幽霊の　正体見たり　枯れ尾花《おばな》」ということわざがあります。

幽霊だと思って怖れていたものをよくよく見たら、ただの枯れたススキだったという意味です。

ススキだとわかったなら、怖くはありませんね。それにススキなら、刈り取ってしまえばもう驚かずにすみます。

皆さんが恐れる孤独というものの正体も、もしかしたら、こんなふうに「なぁ〜んだ」というようなものであり、その正体がわかれば、あっさり対処できるかもしれません。

## 「家族がいるから孤独ではない」といえる？　いえない？

そもそも人は、誰もが「孤独な状態」というのを常に体験しています。

そうなんです、あなただけでなく、多くの友人や家族に囲まれたあの人さえも。そして私も。

たとえば先日、私は人との待ち合わせの時間を間違え、1時間ほど早く喫茶店に着いてしまったことがありました。当然ながら、あと1時間待たないと相手はやって来ません。その間、ずっと一人で過ごすことになりますから、この状態は、孤独であることにほかなりません。

しかし孤独ではあるものの、このとき私は**「孤独感」**を抱くことはありませんでした。資料を読んだり、書き物をしたりと、やるべきことはたくさんあるし、お店の人だって私を追い出そうとしているわけではないからです。

つまり、物理的に人と人との距離が隔てられた**「孤独な状態であること」と、心に「孤独感を抱いている状態」は、根本的に違う**のです。

たとえば、家族が数人揃《そろ》っている中で、一人、父親だけがみんなの会話に入れず、疎外感を覚えたなら、父親は家族と同じ空間にいるにもかかわらず、孤独を感じはじめるでしょう。この「孤独感を抱いた状態」を、英語で「アイソレーション」といいます。

こんなふうに、周りに近しい人がいて、〝環境的には孤独ではないけれど、感情的には孤独感に苦しんでいる〟ということは、いくらでもあるわけです。

つまり、私たちを悩ませるのは、「孤独」という環境ではなく、本当は「孤独感」なのだ、ということがわかると思います。

# 「孤独」と「孤独感」は、まったく別物

つまり、一人だけどんなに遠く離れた孤独な状態に置かれたとしても、孤独感を持たないような工夫さえできれば、人は思いのほか、快適に楽しく暮らしていけるのです。

そんなのは空理空論だと思われるかもしれませんが、現に70代、80代、90代で一人暮らしをしながらも、毎日いきいきと楽しく暮らしている人はいくらでもいらっしゃいます。だから、彼らの「孤独感」への対処のコツを知れば、あなたも淋しさから、生きることを辛く感じて心を病んでしまうようなことは避けられるでしょう。

私だって数年前に妻を亡くしてからは、仕事がないときは一日中、誰とも会話をしない日はいくらでもあるのです。それでも孤独感を持ったことなど、最近はほとんどありません。

逆に、家族に囲まれていて、お金にも仕事にも恵まれて誰もが羨《うらや》むような環境にいながら、孤独感にさいなまれて心を病み、自ら命を絶ってしまう人は、いくらでもい

ます。

本書では、人がそうした状況に陥ってしまう理由も解き明かしながら、「どうすれば孤独感を持たずに人生を過ごすことができるか」――そのことを物事や人間関係についての考え方といった**心理面**と、**腸内環境**に関する最新の知見を含めた食生活や健康管理といった**医学的側面**の2方向から、科学的に考えていきます。

**「孤独のことなのに、腸内環境？」**

はい、腸内環境です。

これまで、「孤独」の問題について心理学の面から解決しようと、多くの医師や心理カウンセラーが試みてきましたが、本書で紹介するような「腸内細菌の改善」によって孤独に対抗するという方法は、ほとんど考えられてきませんでした。

けれども私は、脳や腸の専門医たちとチームを組んで研究してきた結果、**孤独感が、その人の普段の考え方や人間関係からもたらされるだけではなく、「食習慣」などにも起因すること**を突き止めました。

本書では、その研究成果もふんだんに披露していきます。お楽しみに。

# 「孤独感を持たない人」7つの理由

孤独を楽しむためには、そして、不要な孤独感に悩まないようにするためには、まず、**「孤独感は、どこから生まれてくるのか?」**ということを知る必要がありますが、先述の1時間、一人で待ち合わせの相手を待っていた私が、「孤独を感じなかった」ことにヒントがあります。

心理学的・生理学的には、次のような理由が考えられるのではないでしょうか?

## 理由①「すること」がある

たとえば私が喫茶店で人を待っているとき、コーヒーを飲み終えてしまったら、あとは何もすることがないという状態だったなら、「○○さん、早く来ないかなぁ」などと、もの淋しく感じながら、孤独感を覚えたかもしれません。

でも私には、資料を読んだり、原稿を書いたりと、することがいくらでもあったから、孤独を感じませんでした。ずっと一人で働いている職人や芸術家、作家なども集中しているときは、孤独感を抱く暇なんてないのではないでしょうか。

たとえそれが仕事ではなくて、たんなるテレビを観るといった娯楽であっても、することがあれば、孤独感を抱くことはないでしょう。

「すること」があると、孤独感は生まれません。つまり、**「退屈が孤独感を作りだす」**ということです。

## 理由② 気持ちをわかってもらえる

一方、一家団欒《だんらん》の場で、お父さんが家族とテレビを観ていたとしましょう。妻と子供たちは、アイドルが歌って踊る歌番組に夢中です。

でも、お父さんはまったくついていけない……。最近のアイドルなんて知らないし興味もないから、テレビを観ているのが退屈を通り越して苦痛でしょうがない。しま

いには、

「俺はこの家族の中で、孤立した存在なんだな……」

なんて感じるわけです。

これも、孤独感の正体の一つです。

お父さんには、家族とテレビを観るという「すること」は、確実にあるわけです。

しかも、一般的には楽しい「娯楽」の真っ最中にあります。

ただ、それが楽しくないし、誰もそうした自分の状況を気にかけてくれないから、孤独感が生じている。つまり、**「自分の気持ちを誰にもわかってもらえないところにも、孤独感は湧いてくる」**のです。楽しさや悲しみといった気持ちを分かち合えない、あるいは、相手にわかり合おうという気もない場合、まるで遠く離れた別世界に隔絶されたような孤独感が湧いてきます。

逆に、家族の誰かが、「これが一番人気のアイドルだよ！」と教えてくれるとか、「そうだよね、みんな同じ顔に見えるかもね」などと、お父さんの**気持ちをわかってくれると、孤独感は生まれません。**あるいは、お父さん自身が子供たちを理解するためにアイドルを覚えようと、「すること」を見出せれば、孤独感にさいなまれることはないのです。

## 理由③ 人から認められている実感を持つ

これは「喜び」を得ることとの条件でもありますが、「人から承認されている」状態があれば、人は一人で生活していたとしても、孤独感を持つことは少なくなります。

たとえば私の知人に、すでに年齢は85歳にもなるのに、大学に研究室を構えている大先生がいます。文化勲章を受章した権威あるお方です。

そんな大先生に電話をかけて、「私はアメリカでご一緒させていただいた高田という者ですが――」と名乗ったとたん、秘書から「今いません」とピシャリと言われたりすると、なんとなくその大先生に邪険にされたように感じてしまう。そして私は、「今の自分なんて、電話で話すような重要な相手とは思ってもらえないんだ」と、勝手に思い込んで、孤独を感じたりするわけです。

ところが翌日、また電話をしたところ、今度はその大先生自らが電話に出て、「あ、高田明和先生ですか！」と、私をフルネームで呼んでくれたうえに「先生」までつけられたりすると、「よくぞこの超チンピラ研究者のことを覚えていてくれた！」と嬉しくなり、ここで一気に私の孤独感はふっ飛んで解消されるわけです。

要は、**「自分の存在が人から認められているという実感を持つと、一人でいても孤独感を抱くことはない」**のです。

ただし、例外もあります。研究者でも、芸術家でも、タレントでも、人は年を取ると名誉職とか大御所といった扱いをされるようになります。認められていることには違いないのですが、若い人にしてみれば気軽に声をかけにくい存在となります。

それを素直に、「周囲からリスペクトされている証拠だ」ととらえられればいいのですが、「疎外されるようになった」とか、「だんだんと自分も忘れ去られていくんだ」と、悲観的にとらえる思考回路になると、どんどん孤独感は増してしまうでしょう。

## 理由④ 好きなことをしている実感を持つ

先日乗ったタクシーの運転手さんの話です。彼は20代のころからずっと天涯孤独の身であり、60代の現在まで企業や組織に属することもなく、個人タクシーで生計を立ててきたそうです。「孤独を感じないのですか？」と、たずねたところ、「まったく感じたことがない」と答えます。

「この仕事が好きで、毎日いろんな人に会えますから、孤独なんて感じませんよ」

**好きなことをしている実感を持つと、人は孤独感から逃れられます。**

## 理由⑤ 目標を持つ

1936年にベルリン・オリンピックが開催された際、この大会のドキュメンタリーを『オリンピア』という、ナチスのプロパガンダ映画として残したレニ・リーフエンシュタールという女性の映画監督がいます。美人俳優でもあり、「ヒトラーの恋人」ともいわれた人でした。戦後、当然ながら彼女は逮捕され、裁判にかけられるのですが、無罪となります。

その後、彼女はドキュメンタリー映画の監督として、表舞台に復活を果たします。そして2000年、97歳のときスーダン内戦の撮影をした際、乗っていたヘリコプターが攻撃を受けて撃墜されますが、奇跡的に助かりました。そして彼女は、100歳になってからもなお、『ワンダー・アンダー・ウォーター（原色の海）』というダイビングのドキュメンタリー映画を撮り、喝采《かっさい》を浴びます。

レニが孤独感を持つことがなかったかどうかは、本人でなければわかりませんが、彼女は、「ナチスに協力した映画監督」という負の評価のままで一生を終えたくない気持ちが大きかったのでしょう。汚名返上のためにはいっときも無駄にはできないと言わんばかりに、人生の最期《さいご》まで挑戦を続けました。

ちなみに、レニには30歳以上も若い男性のパートナーがいて、彼は30年以上にわたって彼女を支え続け、彼女が101歳のときに結婚しました。彼女が亡くなったのは、そのすぐあとだったそうです。

医学的に解明することは難しいのですが、レニ・リーフェンシュタールのように、**人生を通じて何かの目標を追いかけている人は、孤独感を持つことが少ないことは確かだ**と感じます。

さらに一例をあげると、1932年にノーベル生理学・医学賞を受賞したチャールズ・シェリントンという科学者は、私の先輩がオックスフォード大学で彼に会ったとき、95歳という年齢にもかかわらず、過去のことは一切語らず、明日何をするか、来年何をするかという先のことばかり話していたそうです。そういう人は未来のことを考えるのに忙しく、過去と現在を比較して孤独感に陥ることは少ないと思います。

目標は、一生をかけて成し遂げるような大げさなものでなく、明日、来月、来年達成できるようなことでいいのです。**趣味でも旅行でも、「これをやりたい」「あそこへ行きたい」という確かな目標を持つと、それが孤独感を遠ざける手段になります。**

ちなみに、私の場合は、本を書くという目標があるからか、孤独感にさいなまれることは、ほとんどありません。

でも、「高田先生の本は売れないので、もう出しませんよ」なんて出版社から断られでもしたら、孤独感という奈落の底に突き落とされたような気がするでしょう。いくら家族やお金があって、好きな研究をしていたとしても、孤独感を覚えるようになる可能性があるわけです。

これを避けるには、本を出し続ければいいということになります。でも、今のように頻繁に本が出せる状態が永久に続く保証はありません。だから、ずっと本を出し続けられるよう、ときに編集者におべっかも使って（笑）、「本が出せなくなるかもしれない」という恐怖と闘い続けている面はあります。

## 理由⑥ 健康である

どんなに目標を達成しても、どんなに他人《ひと》が羨むような喜ばしいことがあっても、世間に認められていたとしても、**健康を害すると、人はとたんに孤独感を抱くようにな**

**ります。**

著名な禅の老師、Sさんの話です。

S老師は、大勢の人に、「幸せとは何か」を説き、人間的にも優れ、誰からも尊敬され、すべてを悟ったかのような方でした。その聖人ぶりを見れば、誰もが孤独感とは無縁だと思ったでしょう。ところがそのS老師は晩年腸閉塞《へいそく》を起こし、病院に運ばれます。そして病院中に響き渡るような大きな苦悶の悲鳴をあげながら、お亡くなりになったのです。

しかも、「この痛みをなくしてくれたら、悟りなんかいらない！」と叫びながら——。

「禅を究めた」とされていた彼の最期の瞬間に、心の安寧《あんねい》は、まったくなかったのです。

「痛み」は、他人が共感しにくい感覚の一つです。

S老師のように、大声で悶《もだ》えるほどの大病をしないまでも、年を取ってから誰もその痛みをわかってくれないような病を患ってしまえば、人は少なからず孤独感を募らせていくことになります。それはやがて、死の恐怖や体が動かなくなる恐怖、そして認知症を発症して自分が自分でない存在になってしまう恐怖などにつながっていきます。

だから、**健康であることは、孤独感を抱かないための、条件の一つ**なのです。

## 理由⑦ 腸内細菌のバランスが整う

最近の医学の研究でわかってきたのは、**「人間の腸内細菌が、孤独感を作りだすことがある」**ということです。

腸内細菌とは、私たちの腸の中に棲んで消化の手伝いをしている細菌です。ヨーグルトに入っているビフィズス菌や乳酸菌などがその代表で、「善玉」と「悪玉」、そして「日和見《ひよりみ》」があることを知っている方は多いでしょう。

そんな腸の細菌が、孤独感という「人の感情を左右する」ことなんてできるのでしょうか？

「できる」のです。腸の細菌はさまざまな手段で脳に情報を送り、ドーパミンなどの脳内ホルモンを分泌させて、感情を操作することがわかってきました。社会的な状況や人間関係の影響とは別に、私たちは腸内細菌の影響で、孤独感を増すように操作されている可能性があるのです。

いったいなぜ、腸内細菌はそんなことをするのでしょうか?

考えられるのは、体の衰えや栄養不足に対して、腸内細菌が危険信号を送っているということです。宿主《しゅくしゅ》である人の生命に危険が迫れば、腸内細菌の存続にもかかわります。そのため腸内細菌は、まず人の心理状態を不安にさせることによって、私たちの落ち込みや淋しさを強くさせます。

すると、孤独感から人恋しくなって誰かと会う機会が増えて、具合いを気にかけてもらえたり何かを食べたりするチャンスも増えるでしょう。食べ物を補給すれば腸内の栄養状態はよくなり、腸内細菌が活発に活動できる環境ができます。

また、食べることは、脳に幸せを感じるホルモンを分泌させ、「人間にとって最も簡単に幸福状態を作りだせる活動」でもあります。それゆえ腸内細菌は、ヒトに「食べる行為」を促すために、あえて孤独感を作りだしているのです。

腸内細菌の詳しいメカニズムは4章で解説します。

いずれにしても、**腸内細菌のバランスが整うと、孤独感は消えます。孤独感は、環**

**境や心理学的な要素ばかりでなく、食事からもコントロールできるのです。**

このことは、私たちにとって朗報です。

## 驚くことに「人々が孤独感を知らない国」もある

人が孤独感を抱くのは、決して「孤独になったから」とか、「一人になったから」という外的要因からだけではありません。それを生じさせる要因がほかにもあるのです。ということは、その要因に対して、あらかじめ対策をしておけば、孤独感なんて覚えなくてすむ人生を送れるということです。

とはいっても、今までほぼ毎日出勤して、誰かと顔を合わせるのが当たり前だった人が、退職を機に、一日中、誰とも会話をしない生活になったなら、やはり一時的な喪失感は生じるでしょう。また、いつも一緒にいた伴侶を突然に失ったりすれば、大きな喪失感を抱くでしょう。

しかしお伝えしたいのは、**どんなに淋しい気持ちも、必ずコントロールできるとい**

うことです。

その証拠に、世界には、たった一人で生きている人が多いにもかかわらず、あまり「孤独」というものが問題にならない社会（国）が存在します。日本人には考えられないかもしれませんね。

たとえば、北欧のフィンランドやノルウェーに住んでいる人々です。もちろん地域にもよるでしょうが、私が、アメリカの大学で研究をしていたときのフィンランド人の女性助手が言うには、母国のフィンランドは一年のうちのほとんどが一面雪だらけで、家がぽつんぽつんとしかないのが普通だとか。そしてそんな環境のせいで、一年を通して人に会うのは、クリスマスや誕生日などの特別なイベントのときだけ、という人も多くいるそうです。

それで「淋しくないの？」と聞けば、**「自分は孤独という感覚がわからない」**と言います。**生まれたときからずっと「人に会わないことが当然であり、自然とともに生きることが幸せなこと」だから、孤独な環境にいることを淋しく感じないそうです。**

これと同列には語れませんが、昨今の日本の高齢の受刑者には、刑務所の独房に戻りたくて、出所後に犯罪を繰り返す人も多いと聞きます。現実社会のわずらわしい集団の中で生きるよりは、食べ物があって寝るところがあるなら、誰もいない独房のほうがよっぽどいいというわけです。ここでも、孤独な環境それ自体が、彼らにとっては幸福であり、安心感を生んでいるのです。

## 孤独とは「暑い」「寒い」のような感覚。だからこそ消せる

私自身は現在、マンションの8階に住んで、日常のほとんどを一人で過ごしています。でも、私の住まいの向かい側には、娘家族が住んでいて、大学生の孫も二人います。でも、行くとうるさがられるので、ほとんどコミュニケーションを取ることもありません。すぐ近くにいるのに、ひと月に一度も会わないことなどしょっちゅうあります。でも、それが当然になっているから、私のほうもなんら淋しい気持ちは持ちません。周囲の同年輩の人に聞けば、むしろそれが今どきの普通であると口を揃えます。

そうした状況を孤独に感じる人は、メディアが作りあげてきた、「おじいちゃん、おばあちゃんと孫が、仲よくしているという理想」に感化されすぎているのではないでしょうか。

**孤独感は、結局、「暑い」とか「寒い」という感覚と同じなのです。40度のお風呂の湯を「熱い」と感じる人もいれば、「ぬるい」と感じる人もいるように。**

育った環境や周りの人との関係、そして普段どんな情報に接しているか、などによって感じ方は大きく変わってくるわけです。

だから普段の考え方や生活習慣を変えることによって、いくらでも「孤独感」はコントロールすることが可能なのです。

## 淋しがりのほうが「生き残るのに有利」？

生物学的に見れば、孤独感を持つ理由は、孤立することによる危険を避けるためです。

かつて、アメリカの心理学者ハーロウは、子ザルに「代理母」を与え、子ザルがどのような行動を取るか実験しました（現在、このような実験は倫理上の観点から規制されています）。

その実験は、子ザルを母親から離して母乳が飲めない状態にしたあと、ミルクの入った哺乳瓶を備えたワイヤー製の「代理母」と、布でできたミルクの出ない「代理母」を子ザルのもとに置く、というものです。

すると子ザルは、抱きつくと痛いワイヤー製の母に抱きついて、哺乳瓶からミルクを飲みますが、ミルクを飲むとき以外はワイヤー製の母には近づこうとせず、ずっと布のお母さんにしがみついているのです。

この実験からハーロウは、「スキンシップの重要性」を説きました。生物は孤独を嫌がるけれど、やはり「苦痛を与える存在」と一緒にいるよりは「一緒にいて安心できる存在」を選ぶ、ということです。

人間も基本的には群れで生活し、進化してきた社会的動物です。孤立した個体よりは、仲間と一緒にいる個体のほうが安全で、当然、生存率は高かったでしょうし、そもそも集団から離れていれば、子孫を増やすことができなかったでしょう。

**つまり、孤独感を抱かない個体よりも、すぐに孤独が辛くなる個体のほうが、生物学的には生存上も繁殖上も有利だったのです。**

だから「独りが好き」な性格の個体は進化の過程で次第に淘汰《とうた》されていき、淋しがりで群れたがり、また、魅力的な異性を見つけるたびに手当たり次第アタックするような個体が増えていったと思われます。そして、今生きている人類の多くは、多かれ少なかれ、そうした淋しがりな祖先の遺伝子を受け継いできていると推測されます。だから私たちは、孤独を感じやすい傾向があるのです。

しかしその傾向は、必ずしも現代社会に合ったものではありません。現代は、そこらに野獣もいないし、盗賊や蛮族がウロウロしているわけでもありません。先立つもの、つまり少々のお金さえあれば、素早く動けない老人も、か弱い女性も、自由気ままに一人で暮らしていけるでしょう。

動物でも、群を作らずに単独で行動する種族は、繁殖期を除けばずっと孤独な状態で生活をしています。「おしどり夫婦」なんていう言葉がありますが、そのオシドリさえも繁殖期が終われればカップルを解消し、次の繁殖期に新しいパートナーを見つけるまで、独身生活を楽しんでいます。

時代も環境も変わったのですから、人間も、むしろ孤独な環境を楽しめるように変化し、進化していくほうがいいと思うのです。

## 孤独だから、これができる!

実際、現代社会においては、「孤独を恐れない体質」のほうが、よっぽど有利に生きられる面が多々あります。発達障害や統合失調症的な傾向のある人たちに見られるような、突出したある種の能力や才能を見れば、本当は彼らのほうが、優位な特性を持つ人間ではないかと感じます。

アカデミー賞の作品賞などを受賞した映画、『ビューティフル・マインド』でその人生を描かれた実在の数学者、ジョン・ナッシュが、まさにそんな人物でした。彼は統合失調症に陥り、他者との人間関係をほとんど作ることができなくなります。

けれども、ナッシュはまったく孤独感を覚えません。なぜなら、自分の周囲には、相談役のような人間が常に幻覚として見えていたからです。

彼は最終的には、〝世間の基準に照らし合わせると〟、自分が病気であることを理解しますが、**その傾向を薬で抑え込んでしまえば、数学の研究にとってマイナスの影響がある**からという理由で、薬の服用を避けたといいます。

ほかにも、「絶対に解読できない」とされたナチス・ドイツの暗号機「エニグマ」による暗号文を解読した、アラン・チューリングという数学者がいます。彼も大天才だったのですが、自閉スペクトラム症の気があり、文科系の学問がいっさい理解できないという理由で、母国イギリスでは、パブリックスクールの入学を拒否されました。

そのため地元の評判のよくない中学校に入り、哲学や歴史などの人文系の学問をまったく知らずに大人になったのですが、それでもケンブリッジ大学に進学し、難解な暗号を数学的に解読することに成功しました。

ただ、当時の社会は、彼のような人間に対して、決して温かかったわけではありません。彼は40代で、自らの命を絶つ道を選んでしまいます。

## 才能は「孤独」でこそ磨かれる

日本でも、『孤独がきみを強くする』（興陽館）という著作がある芸術家の故岡本太郎さんは、子供のころから周囲の人間関係になじめず、転校を繰り返していたといいます。おそらく、今でいう発達障害を抱えていたのでしょう。

けれども、**彼の孤独を好む傾向は、創作活動に集中するのに好都合だった**わけです。

岡本太郎さんがどれほどの孤独を感じていたのか、私には知るよしもありませんが、彼は、誰かに理解されようなどとは考えず、ひたすら自分の内面世界を表現することに情熱を捧げました。それが傑出した芸術作品の創造につながったのだと思います。

数学者と芸術家の例をあげましたが、研究職、スポーツ、音楽、囲碁・将棋、ビジネス……どの分野においても、孤独だからこそ輝いた才能は、確実にあります。

**孤独が最大の武器になる**――それは仕事にとどまらず、趣味の分野にも当てはまるでしょう。孤独を恐れる人は多いのですが、**「孤独だからこそできること」「孤独でな**

**ければ究められないこと」**も、**確実に存在する**のです。それを見つけていくことは、孤独を楽しむ練習となります。

## 「孤独な環境を楽しむ」体質づくり

さて、ここでいったん孤独の正体とその対策をまとめてみましょう。

まず私たちが対処すべきなのは、「孤独」という環境の問題ではなく、「孤独感」の問題だということです。「物理的に誰かがそばにいるかどうか」は、関係ありません。

つまりは感情の問題であり、そうした感情が湧かないような状況を作れば、私たちは一人の生活を存分に楽しむことができるということです。

さらに、孤独というのは、「人生観」の問題でもあります。「これが満たされたら、私は孤独ではない」と思えるものが何かあれば、人は孤独に陥ることはありません。

自分が孤独感を覚えないかぎり、たとえ世間から隔絶された無人島に一人でいたとしても、その人は孤独ではないのです。

特に現代の孤独感は、社会やマスコミが作りだしている幻想のような面があります。また、SNSは人とのつながりを維持しやすい反面、他人と自分をすぐに比較できるため、孤独を感じさせる要因ともなり得ます。

だから重要なのは、**周囲からの情報に流されないメンタルを作っておくこと**です。「感情」や「人生観」という、私たちの内面を変えなくても、**生活習慣を変えることで孤独に対処することは可能**です。

たとえば「たばこ」や「酒」には、孤独を紛らわす効果があるために、健康を害するにもかかわらず大量に摂取することが常態化してる人がいます。

これを、喫煙のような体に害をなすもので達成するのではなく、体にいいもので達成することはできます。たばこの代わりに栄養価の高い食事や、健康にいい飲み物をとることでも、ストレスや孤独に強いメンタルを作っていくことはできます。

食べ物だけではありません。**私たちは行動パターンを変えることで、究極的には感情や人生観すらもコントロールし、孤独な環境を楽しめる体質に生まれ変われます。**

## 1章 まとめ ● 価値ある気づきとハツラツ人生の智慧

●私たちが対処するべきは、物理的に隔絶された孤独な環境ではなく、心理的な「孤独感」である。孤独感は、考え方や、食生活、健康管理の仕方を変えることで簡単に対処することができるものである。

●「することがある」「気持ちをわかってもらえる」「承認されている実感がある」「好きなことをしている」「目標がある」といった状態のとき、人は孤独感を抱かない。また、「健康であること」は、孤独感を遠ざける一つの条件となる。

●孤独感は、暑い、寒いと同様の個人的な感覚である。人々が孤独感を知らない国もあるし、孤独な環境に幸せを見出して自ら求める人もいる。

●孤独だからこそできることや究められること、そして伸ばせる才能がある。

●感情や人生観といった内面を変えなくても、生活習慣を変えることで、ストレスや孤独に強いメンタルを作り、孤独な環境を楽しめる体質に生まれ変わることはできる。

# 2章

# 「一人は淋しい」なんてメディアの嘘！

……人はもともと一人じゃない

# 結局のところ、孤独感は「思い込み」

1章では、私たちが対処すべき問題は、「孤独」なのではなく、「孤独感」なのだと結論づけました。

そもそも**孤独というのは、社会が勝手に決めているもの**だと、私は思っています。

本当の孤独とは、いったい何なのか？

医学に携わっている私としては、本来なら孤独の正体を、「生物学的には、脳が孤立している危機を感じている瞬間」とか、腸内細菌が脳にサインを送るタイミングを、「孤独が始まる瞬間である」などと定義したいところです。

ですが現実的には、まったくそういう問題とは関係がなかったのです。

**人は、自分が思いどおりの人間関係を築けなくなっているときに、勝手に「自分は孤独だ」という認定を行なっています。**

たとえば、父親が息子を殺したという実際にあった事件は、これをよく表しています。

孤独感とは少し違いますが、簡単に事件の経緯を説明すると、父は、息子との人間関係が完全に失われてしまったと思い込み、放っておけば自分が息子に殺されてしまうという恐怖を覚え、息子の殺害に至りました。

父親は東京大学を出ており、母親も名門大学の出身です。息子も高校までは、順調にエリートコースを歩んでいました。

しかし彼は大学受験に失敗し、勉強の意欲を失ってフリーターのようになってしまいます。そして両親に対して怒鳴り声をあげ、暴力を振るうようにもなりました。最後は父親が「身の危険を感じて、三十数回も刃物で刺した」ということです。

この父親は、息子との間に「親子関係の断絶」を感じているのですが、息子のほうは「親との関係が変化した」と、認識していたのでしょうか？

実は、まったく、そんなことはなかったようなのです。

この息子は、エリートだった父親を「紹介してほしい」と友人から頼まれたとき、「お前が親父と知り合うのは1億年早い」などと突っぱねていたそうです。いつも父親の自慢話ばかりしていたし、父親の子であることを誇りに感じていた。父親を尊敬し、喜ばせたいと思って生きてきた――それなのに、そうできない自分の不甲斐なさをもどかしく思っていたことが、荒れていた原因だったのでしょう。

でも父親には、日に日に暴力的になっていく息子の姿は、自分とは「かけ離れた存在」にしか思えませんでした。

社会的に陥ったこうした状況から、**親のほうが勝手に、「息子との人間関係が断絶した」と思い込んでいた**のです。

「孤独感」とは、こんなすれ違いによって生じることが多いのです。

**「あなたのことを愛している」と言う人がすぐ目の前にいるにもかかわらず、当人は、「こんなに愛しているのに理解されていない、愛してもらえていない」と感じている。**

その原因は、ただ、会う機会が減ったとか、相手の言動が変わった、感情の衝突があった、というだけだったりします。そして、人は勝手に孤独だと「思い込む」のです。

# 親の常識は、子の非常識?

親というものは、たいてい、自分の子供のことは自分が一番よく理解していると思い込んでいるものです。

ところが、現実は違います。別に子供の脳と親の脳がつながっているわけではないし、子供は、子供の世界の経験や日々に得た情報から、「自分はこうしたい」「こう考える」という独自の思考を作りあげていますから、親の理解が及ぶものではありません。

「孤独感の要因の一つ」だと前章で述べた腸内細菌にしても、自分の子供だからといって親とまったく同じ細菌が根づくわけではなく、親とはかなり異なった細菌叢《そう》(腸内フローラ)に育っていくことはよくあります。

**たとえ親と子であっても、血のつながった双子であっても、それぞれは別々の存在であり、決して理解し合えているわけではありません。**

それなのに「理解し合っている」という幻想に囚《とら》われてしまうと、自分の知らない相手の一面を発見したとたんに、強い孤独感に襲われることになります。

たとえば、あなたに弟がいたとして、自分のほうは、「お互いに、なんでも言い合える仲だ。弟のために尽くそう」と思っていたけれど、弟は、こちらの成功に強い嫉妬心や引け目を感じていたと気づいた場合などです。

私も、息子と特段仲がいいというわけではありませんし、彼が中学生になったころから会話をする機会はかなり減りました。反抗期だからということではなく、息子は医学部への進学を希望していたせいで、一人で自室にこもって勉強していることが増えたからです。お陰で夢を実現できたのですが、親としては、「こっちは職業上の先輩だし年輩者なんだから、挨拶くらいしろ！」と言いたくもなります。

けれども、「挨拶をするのが当然だ」というのは、実は、親が常識だと信じている社会的な慣習にすぎません。そして、子供のほうは、たんにそれが必要なことだと考えていないだけ、という場合があります。この小さな意識の違いが、次項のような問題を引き起こすことがあります。

# 家族ですら、あなたの孤独感に気づかない。あなたも、相手の愛に気づいていない

小さな意識の違いが問題になってくるのは、たとえば「子供が自分に挨拶をしなくなったこと」を、親のほうが、「親を親とも思っていない」だとか、「親への敬意が足りない」などと、勝手に悪く解釈してしまうような場合です。

**子供のほうは、昔と変わらず親への尊敬の念を抱いている。ただ、その尊敬の念の表し方が、親の期待する方法と異なっているだけなのです。**

それなのに親は、敬意がなくなったと一方的に解釈して、「なんでお前はそんなふうに変わってしまったんだ」などと子供を難詰《なんきつ》してしまう。それで、お互いのすれ違いがますます大きくなっていってしまうわけです。

親は、子供の心が自分から離れてしまったと受け取っているけれど、子供は、「親を疎外している」とは1ミリも考えていない。

親は自分が孤独になったと考えているけれど、子供は親が孤独だとは考えていない。この感覚のズレは、子供を育てた経験がある人でなければ、わかりにくいかもしれません。ただ、いえることは、家族は、あなたが孤独感を抱いていることに気づかないということです。

これは、子供にかぎった話ではありません。

私が定年退職してからも、教え子は未だにお歳暮やお中元を贈ってきてくれます。正直、私は教え子との関係とはもっと淡白なものであり、こんなに長く継続するものだとは思っていませんでした。今でも、「私と関係を維持しておけば、いずれ何かで利用できるかも……」くらいに思っているのだろうと邪推しているほどです。

そんなふうに人は、**他者が自分に対して抱いてくれている崇高な思いを過小評価しがち**なのです。そんな心の隙間に、孤独感は忍び寄ってきます。

# 人は、自分が思っているほど一人じゃない

親と子の関係について、こんな話があります。

臨済宗《りんざいしゅう》　天龍寺派《てんりゅうじは》の管長になった、関牧翁《せきぼくおう》という人がいました。彼は慶應義塾大学の医学部に入学したのですが、大学を辞めて、当時、作家の武者小路《むしゃのこうじ》実篤《さねあつ》が作った「新しき村」という、自給自足をモットーとする共同体に入ります。そのことを彼の母親は、非常に悲しんだそうです。

やがて彼は「新しき村」での生活も「自分に合わない」と放棄し、禅寺に入って修行をするのですが、そこで頭角を現します。そして、マスコミでも注目されるようになりました。

そんな彼が50代半ばになったとき、20代のころに別れたきりの母親が危篤だという知らせを受けたのです。彼は大慌てで、ずっと帰らなかった故郷に戻ることにします。

30年ぶりに母親に再会した牧翁さんは、母の病床にいくばくかのお金を置いていこ

うとします。ところが、「子の世話にはならん！」と、危篤の母親に突っぱねられてしまったのです。

「お前が生きているとわかっただけで十分だ。早く帰れ！」

のちに牧翁さんは、「母親のことを思うと、なんだか恥ずかしい。初恋の人のことを思うようなものだ」と語っています。

30年間、母親と会わなかった牧翁さんは、「母とのつながりが薄くなってしまった」と感じていたかもしれません。でも、母親のほうは、僧侶として名を成し、テレビに出演したり、本を書いたりしている息子の姿をずっと見守っていたのです。だから「息子と離れてしまった」とは、微塵《みじん》も感じていませんでした。


私はこういう関係を本当に「いいな」と思うのですが、そんな親子関係や夫婦関係、あるいは友人関係は、実際に存在するのです。「ずっと一緒にいなければいけない」とか、「たまに帰らなければいけない」と考えてしまうのは、社会的に「そうするべきだ」とされている常識や固定観念に縛られているからにすぎません。

それでも私たちは、テレビドラマやCM、あるいは本や雑誌で、また、誰かのどれだけ信憑性《しんぴょうせい》があるのかわからないSNSの投稿で、「頻繁に会っている仲のいい家族像」や、「しょっちゅう顔を合わせている親子像」、「よく一緒に出かけている仲のいい夫婦像」とかいった姿を見せられます。

そしてそれらを当然の姿と錯覚し、そうでない自分の人間関係と比較して孤独感を募らせてしまうのですが、そもそも、そんな姿が幻想にすぎないことを理解するべきなのです。

## 離れていても、絆はつながっている

その昔、母子の絆《きずな》は、母乳を与える行為によって築かれるとされていました。けれども最近の研究では、ミルクを与えたうえで、母親が赤ちゃんを抱いていれば問題はないことがわかってきました。

生まれたばかりの赤ちゃんが孤独を感じるのは、ストレスホルモンの影響があるときで、このストレスホルモンが分泌されるせいで、成長ホルモンが出なくなることがあります。

そのストレスホルモンは、**「母親から母乳を与えられないこと」によって分泌されるのでなく、母親がそばにいないことの不安から生じる**ことが、わかってきたのです。

したがって、ミルクを哺乳瓶で授乳したとしても、ちゃんと母親がそばについていてあげれば、赤ちゃんはストレスや孤独感を覚えることはありません。

授乳期に刷り込まれた「いつも母親がそばにいる」という感覚は、子供が成長して、親が子供から離れて過ごすようになったとしても、そうそう失われはしません。

むしろ、テレビドラマなどで描かれる虚構の親子像に接したりすることのほうが、「うちは違っていた。自分は愛されていないのではないか」と誤解を招き、親子の絆を断絶してしまうリスクが大きいでしょう。

その証拠に、コロナ禍で2年とか3年会わなかった親子が久しぶりに再会すれば、たいていは会わなかった期間がウソのように、屈託なく会話をする関係に戻ります。

つまり「会わない期間」があっても、潜在意識下では、お互いの存在が意識されていて、コミュニケーションを取っているのと変わらない関係性が維持されていたということです。

この考え方をもう少し発展させたら、どうなるでしょう？

人は必ず死にますが、消えてなくなるわけではありません。亡くなった人とだって、この世とあの世という隔たりがあって直接にやり取りはできないけれど、気持ちはつながっている、いつも見守ってくれている——そう思うと、孤独感や淋しさが消えていくような気がしませんか。

「家族なら、一緒にいなきゃいけない」とか、「直《じか》に会わなければいけない」という社会的要請やメディアの虚講が、私たちの孤独感を作りあげている面があるのです。

## 「あんなに可愛かった子や孫が……」なぜ？ これがわからないと、独居老人まっしぐら

離れていても親子の間に絆はある。けれども「親の思うように子供が育たない」の

も、また事実です。

問題を起こした子供の親御さんや祖父母さんは、だいたいが、「あんなに優しくて可愛い子（孫）が……」と、口を揃えてショックを露《あら》わにします。

そう思うのも致し方ない面はあります。幼稚園や小学校低学年のうちは、子供はただただ無邪気な存在ですから。体が小さいせいで、どんな振る舞いも、大人には〝可愛いもの〟に映るからです。

けれども中学生、高校生になってくれば、体も大きくなって自我が強くなり、子供だけの日常生活もあり、家族と関係のない人間関係も生じてきます。子供なりの忙しい日常があれば、「おじいちゃんやおばあちゃんに会いたい」とも思わなくなってくるでしょう。

繰り返しますが、だからといって、これは決して愛情を失ったわけではないのです。生まれてきたときにできた絆や、ずっと慣れ親しんできた愛着は、両親にも祖父母にも、そのほかの人とも維持されています。

ただ、その付き合い方が、小さな子供のころとは変わるのです。

したがって、周りの人間も付き合い方を変えなければならないのですが、どうしても大人は、「可愛いかったころ」の関係に執着してしまいます。すると子供の側は、さらに年配者との付き合いが難しくなってしまうわけです。

子供との付き合い方を変えること自体は、とても簡単です。**でも、なまじっか「自分は子育てに成功した」といった自負があったりすると、なかなか昔と同じ付き合い方を変えられないところがあります。**

小学生の子供を上手に育て、有名な進学校に入れることができた。だからといって、そのやり方が、大学生や社会人になった子供の接し方としてベストなわけではありません。

それなのに、**いつまでも自分のやり方を子供に押しつけるから、子供の心は離れていき、「親は孤独だ」ということになってしまう**のです。

私の知り合いにも、そんなふうになってしまった方がいました。大学の准教授をされていた方ですが、ある日、子供を叱ったら、その子はそのままプイッと家を出ていって、二度と帰ってきませんでした。

そして10年ほど経ったころ、突然、息子さんと一緒に仕事をしている友人という人から電話がかかってきたそうです。

「あなたはお子さんを一生懸命捜しているようですけれども、今も元気で暮らしていますから、もう捜さないであげてください」と言われ、ガチャンと電話を切られたそうです。淋しいけれど、こうしたことは現実に起こるのです。

## ほらね、腸内細菌も！ 親と子はそもそも、まったく別の生命体

ずっと一緒に住んでいる親子でも、生物としての個体差はどんどん違っていくことがあります。それは1章でも述べた、腸内細菌からも検証できることです。

**同じ家で生活し、同じ食事を食べている親と子。それなのに腸内細菌を調べてみれば、全然、違っていることも多い**ということが知られています。

家族の腸内細菌を調べると似ていることも多いのですが、それは個々人で異なりま

す。これは一緒に生活する血のつながった兄弟でも、一卵性双生児でも、性格や食事の好みが異なる場合があるのと同様です。

生まれたばかりのころは遺伝子の類似性から、似た性質は多かったけれど、成長して自立度が高まるにつれ、出向く場所や、接する人、食べるものや経験値などが異なってくるので、育まれる性格も腸内細菌も違ってくる、というのが最近の考え方です。

アメリカの、牧畜が盛んな地帯に多くいるカンピロバクターという細菌が口に入ると、下痢や腹痛に襲われ、うつや不安感を抱くようになります。孤独感も強くなります（133ページ参照）。

つまり、口から入る細菌の中には、その人の心理状態を変える作用もあるということ。だから、個々人の食べ物の違いが性格にも影響を与えるのです。

しかも腸内細菌の差は、私たちが想像する以上に大きく異なる場合が多くあります。

**腸内細菌の違いが大きければ、日常生活における趣味嗜好、あるいは日々の行動にも違いが出てきます。**

たとえば親は早起きなのに、子供は朝が苦手で休日はお昼にやっと起きてくる、といった違いが出てきます。

「なんだ、そのくらいの違いなら、『寝坊助《ねぼすけ》だな』ですむ話だ」、と思うかもしれませんが、昨今は、「それで文句を言ったら、逆上した息子に暴力を振るわれた」なんていう事件もあるから、見過ごせませんし、笑いごとではありません。

こうした生活習慣における傾向の違いは、腸内細菌の違いからも説明できます。**腸内細菌が違うから、親と子は好きなものが異なってくるし、親の大好物を、子が嫌うことだってある**わけです。

そして、親のライフスタイルに、子は、いちいち合わせることなどできません。たとえ親の希望に合わせたくても、腸内細菌が異なると、体が拒否することもあります。それなのに親が押しつければ、子供はどんどんストレスを溜めていきます。その結果、溜まったものが爆発することだってあるのは、想像に難くないでしょう。

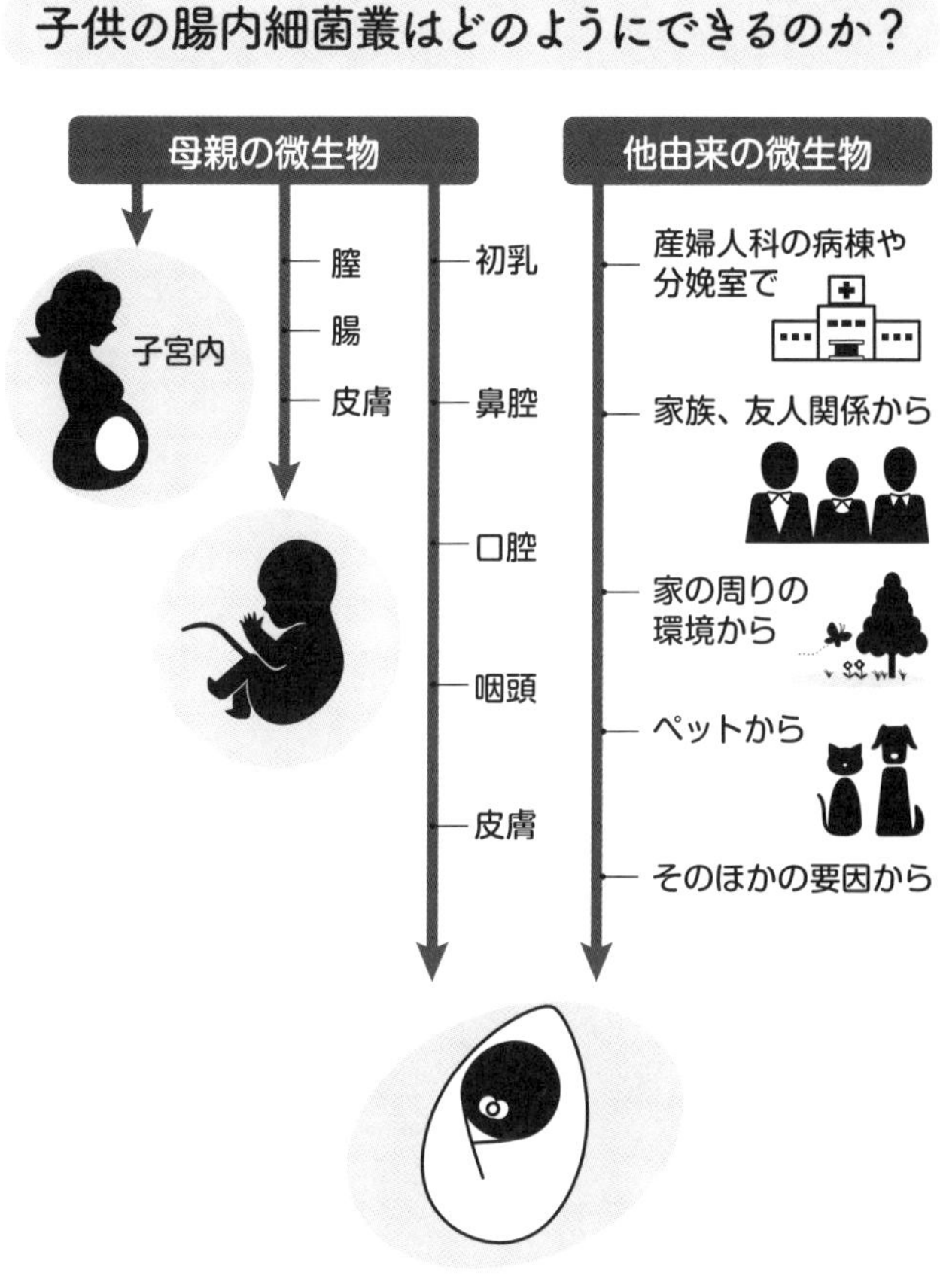


**・胎児の腸内細菌に影響を与える因子**

胎児は出産の際に、膣を通って外界に出る。この膣や、子宮にも多くの微生物がいる。また、皮膚、鼻腔、口腔などにも多くの微生物がいて、出産の際に胎児に付着する。これらの微生物は家族間、友人の間、さらには家畜やペットからも付着する。

# 65歳になったら、子の生き方に口を挟まない

たとえ血のつながった親子であっても、生物としての個体差は大きいことがある――このことが医学的にもわかっているから、私は一貫して、できるだけ子供を叱らないようにしてきました。

もちろん社会のルールとしての「やってはいけないこと」は教えます。でも、それ以外の趣味嗜好やライフスタイルなどは、決して親の望むようには子は育ちません。腸内細菌はその一つの要素であり、親がまったく想像しない方向に成長してしまうことだってあるのです。

**だから各人の体にとって一番幸せな生き方をしないかぎり、幸福にはなれないのです。「みんなと、あるいは、誰かと同じでなければいけない」と考えることが、そもそも間違っているのです。**

人間はそれぞれ、体内にたくさんの細菌を抱えた生命共同体であり、その細菌から

すれば、ほかの肉体はまるで「別世界」であり、「別の宇宙」なのです。親は親という一つの宇宙であり、子は子という一つの宇宙である――。

そう考えると、「自分は孤独だ」と考えることは、あまり意味がないように感じます。

## 「生理的にダメ！」、そして「必ずくる別れ」への心を守る対策

ずっと一緒に暮らしてきた親と子ですら、生物学的に見れば、これだけの違いがあるのです。ならば夫婦や、会社の人間関係や友人関係といった他人同士の関係においては、さらに各個人の差が大きくなるのは至極当然でしょう。

そこで、個々の違いから起こってくる現実の問題を見てみましょう。

男性はよく、恋人にフラれたときに、「あんなに好きって言っていたじゃないか」と、激怒することがあります。

でも、フッた相手にしてみれば、「今は好きじゃないんだから、仕方がない」のです。

理由なんてありません。過去に好きだったのは事実だし、今はイヤ！　というのもまた事実。

それほど好きだったはずの相手を、そんな急に嫌いになることがあるのか？　といえば、「ある」のです。**そして、それが脳や腸内細菌の決めたことだったら、もはや仕方がありません。**

「生理的にダメになった関係」であれば、どう頑張ったって修復はできません。そういうことを知らずにしつこく追いかけていたら、ストーカーになってしまうでしょう。

すべての人に、必ず別れの日はきます。

年配の夫婦でも、定年退職後の夫が、ようやくゆっくり妻と一緒に旅行できると楽しみにしていたら、いきなり妻に「離婚してほしいと切り出された」なんてケースはいくらでもあります。

たとえ仲睦まじく長年連れ添ってきた二人であっても、高齢の夫婦には、別れのときが迫ってきます。

**要するに、「孤独な環境」から抜け出そうとして「誰かを巻き込んだ計画」を立てても、実際には思うようにいかないケースが多いということです。**

配偶者、子供、友人、同僚や後輩、なんらかのコミュニティー仲間……。

どれも大事な人間関係であることに違いありませんが、人間はそれぞれ別の生命体ですから、それぞれ違うことを望むし、ときには違うことをしたいと思う。そして別れる日もいつかくる。

大切なのは、そんな**違いを感じたり、別れを経験したりするたびに、いちいち「自分が孤立したとは思わないこと」**なのです。最初からそうだった人間関係が、今も同じように継続しているだけ。**あなたが阻害されたわけでもないし、あなたの魅力がなくなったわけでもありません。**

だから「孤独感」への対策として第一にしたいのは、「誰かを巻き込む」のではなく、**「一人で楽しめることをたくさん見つけること」**なのです。

その方法は、あとの章で触れていきます。

## 2章 まとめ ● 価値ある気づきとハツラツ人生の智慧

●孤独感は、相手との関係が途絶えた、という自分の勝手な思い込みから生じている。そして、人は、他者が自分に抱いてくれている好意や敬意を特に過小評価しがちである。

●自分の子供のことはよくわかっている、というは親の思い込み。たとえ血のつながった同じ屋根の下に住む子供でも、別の生命体である。腸内細菌叢が異なれば、趣味嗜好も違ってくることを知らないと、自分の知らない相手の一面を見たときに孤独感を抱いてしまう。また、誰もが、自分の体に合う生き方をしないと幸せになれない。だから相手の生き方に口を挟まないほうがいい。

●一度築かれた子供や孫との愛情や絆は、離れていてもつながっているもの。しかし、付き合い方は、相手が成長するにつれて変えていくのが自然。いつまでも昔と同じ付き合いを強要すれば、嫌われて寄りつかなくなってしまう。

●孤独感対策に、他者を巻き込もうとしても、相手にも望む生き方があるので、うまくいかないもの。また、相手が付き合ってくれないことに対して、いちいち孤立したと思う必要もない。「一人で楽しめることをたくさん見つける」ことが最重要。

# 3章

# 孤独感で病気になる人、楽しめる人

……うつ、認知症。孤独感が体に及ぼす見逃せない影響

# 70代の病気は、孤独感にどう影響するのか？

年を取って「肉体の老いや病が進んでいくこと」と、「孤独感が増すこと」は、セットになっています。

今までなんら健康に問題もなく、「好きなことがなんでもできるぞ」と思っていた人でも、50代、60代にもなると、何をしてもすぐに疲れるようになり、腰や肩などが痛むようになってきます。以前のように無理が利かない。そんなタイミングで、子供が独立して離れていったり、定年を迎えたりします。

「これからどうなるのだろう？」

「誰も助けてくれないのではないか？」

――こうして悩めば、孤独感は一気に増していくわけです。

昔は、平均寿命が短かったので、社会システムもそれに合わせて、定年を迎えて引退したあと、ちょっと余生をゆっくり過ごしたころに、ちょうど〝お迎え〟が来るようにできていました。

ところが現在は、日本人の平均寿命は男性が約81・5歳、女性が約87・5歳。60代で体の衰えを感じ、65歳で定年になり、それを機に孤独感が増していったとしても、20年ほどの人生があります。

就労できる環境の人であれば、さらに5年くらいは仕事が続けられるかもしれませんが、なんの準備もしてこなかった人であれば、限界があります。

すると、「残りの人生で、自分はいったい何をすればいいのか？」という話になります。

医学が進歩して、がんも糖尿病も、昔ほど怖くはなくなりました。怖くはなくなったのですが、その分、新しい苦しみも増えています。たとえば、喫煙やジョギングなどで肺を酷使した人がなりやすい間質性肺炎という病気があります。酸素ボンベが手放せなくなるような、非常に苦しい病気です。

もしも自分がそうした病に罹った老体で、たった一人、この世で生きていかなければばならないとしたら、孤独感を抱いてしまうのも当然でしょう。
そうならないように予防し、かつ、年を取ってからの残りの人生をエンジョイするために、今から自分の体についてよく知っておく必要があります。

## 「本来の寿命120年」という大誤解——それじゃ65歳までも持ちません!

人間は、65歳を超えて生きられるようにはできてない、といえば、反論する方も多いでしょう。「いや、遺伝子的にヒトは120歳まで生きられるようにできているはずではないか?」と。

**人間の寿命は、いったいどのように決まるのでしょうか?**

よく知られているのは「テロメア(末端小粒《しょうりゅう》)」ですが、これはヒトの染色体の末端にある構造を意味します。その構造は年を重ねるごとに、つまり、全身の細胞が分裂するたびに減っていき、だんだんと短くなっていきます。

## ヒトは何歳まで生きられる？　寿命の神秘

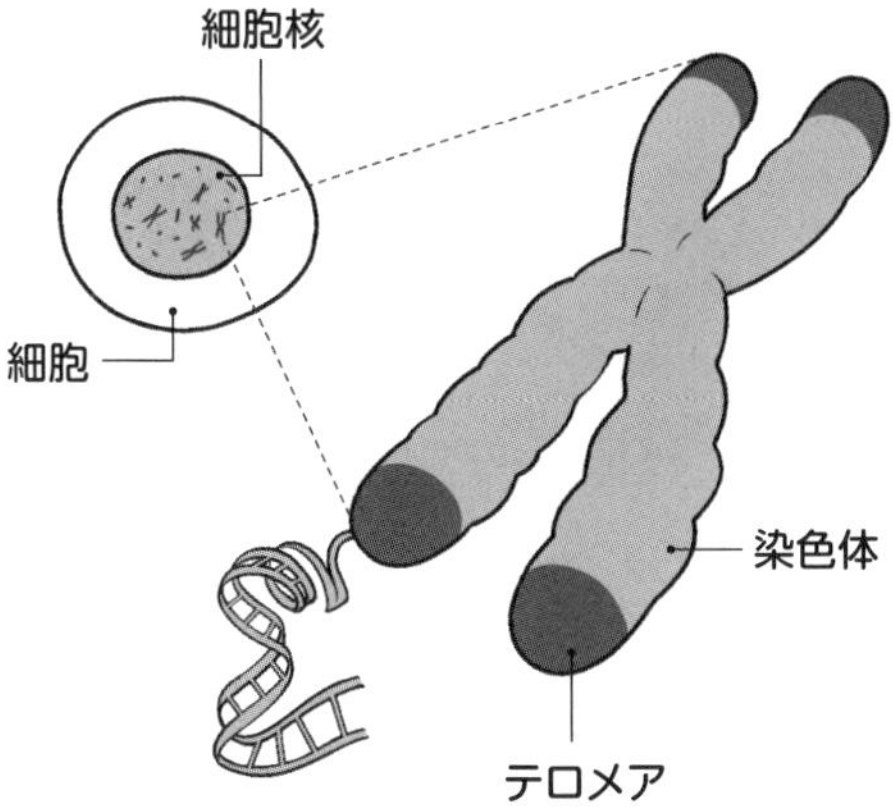


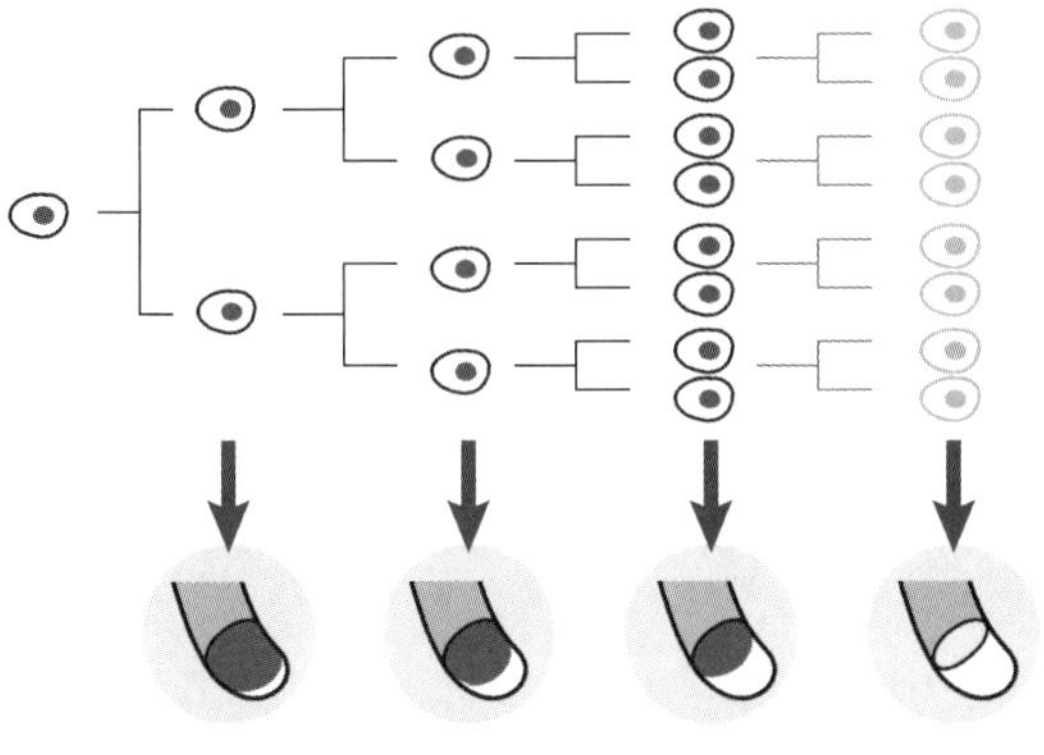

年を取って細胞が分裂するたびにテロメアは短くなり、
テロメアが尽きると細胞分裂が止まる。

そしてテロメアの最後の1個まで使いきったら、全身の細胞はもうそれ以上、生まれ変わることはできなくなり、ヒトは死を迎えます。そして、その**最後の1個がなくなるまでには、120年くらい**の余裕があることが知られています。

だから人間の生物学的寿命は120年で、「人生120年時代」といわれたりするのですが、これをそのまま言葉どおりに信じてはいけません。

これは喩《たと》えれば、**「120年間航海し続けられるだけの燃料が船に積んである」にすぎない**からです。

それだけ細胞分裂できる回数（燃料）があったとしても、多くの人は生きている間に食べすぎたり、連日深夜まで残業をしたり、はたまた事故で大ケガをしたりして体を酷使するので、先に内臓や筋肉などの組織が限界を迎えてしまいます。船でいえば、エンジンが故障して使えなくなったり、座礁《ざしょう》して船が動かなくなったりして、燃料を使いきらないまま航海を終える状態です。

もちろん、内臓や筋肉が傷つかないように慎重に生きれば、私たちはそれなりに長生きできるのかもしれません。ただ現実的には、**私たちは日々、完全に無害とはいえ**

**ない化学物質や食品添加物などを体内に取り込んでいます**し、それらを抜きにしても、呼吸に必要な「酸素」や地球の「重力」、「太陽の日差し」ですら、私たちの肉体を日々蝕《むしば》み続けています。だから普通に生活していたら、テロメアが設定している120歳まで生きることは、まず不可能なのです。

筋肉も骨も心臓も腸も、普通に生活するだけでも、すぐに限界を迎えてしまいます。私の感覚では、耐用年数はせいぜい65年くらいではないでしょうか。

すると「人間《じんかん》五十年　下天《げてん》の内をくらぶれば……」という、織田信長が愛した幸若《こうわか》舞《まい》『敦盛《あつもり》』も説得力を持ちます（ただし、『敦盛』の「人間五十年」の本来の意味は、人間の寿命は50年ということではありませんが）。もちろん戦《いくさ》が絶えず、医療水準もお粗末だった時代の話ではありますが、当時は50年も生きれば、もう「十分に生きた」と感じていました。90年どころか、60年の人生すら考えていなかったのです。

しかし現代の私たちは、耐用年数をはるかに超えた体を、年季の入《はい》ったクラシックカーを修理しながら運転するように、騙《だま》し騙し使っています。

医学が進歩したというのは、この「修理」の技術が、格段に進歩したということにほかなりません。

だから大病をしても、入院すれば至れり尽くせりで、延命することが可能になりました。昔なら心不全で亡くなってしまうようなケースでも、事前の手術や点滴で、心臓が衰えていくのを防ぐことが可能になっているわけです。

その一方で、いわゆるアンチエイジングとしての食事や運動だけで、健康を維持していこうとするのは、それなりに大変なことです。

## この覚悟あれば、憂いなし

小野武年《たけとし》さんという、有名な学者がおられました。医学部生理学の教授、さらに富山医科薬科大学の学長、名誉教授にもなられた、とても素晴らしい方です。海外でもその功績を認められ、本もたくさん書かれています。私は光栄にも、彼とアメリカで一緒に仕事をする機会に恵まれました。

ところが、そんな食や医学・生理学の専門家の先生が、75歳で突然、脳梗塞になってしまったのです。そして2022年にお亡くなりになるまでの10年近い間、口も利けない、右手は全然動かないという状態で、闘病生活を送られました。さぞやお辛かっただろうなと、想像すると悲しくなります。

現代は、病気になっても医者にかかれば、耐用期限の切れた肉体を修繕はしてくれます。

でも、肉体的には辛いし、心理的にも大きなダメージを負うことになります。

先に、孤独感は気持ちをわかり合えないところに生まれ、肉体的・精神的痛みは、わかり合えない面が大きいと述べました。だから、こうした**肉体的・心理的ダメージを負ったとき、よほど満たされた人間関係がないかぎりは、やはり孤独感は非常に大きな問題としてのしかかってくる**でしょう。それは、年を取らないわけにいかない私たちが、確実に覚悟しておくべきことであります。

気が滅入ってしまいますが、誰もがそうなるということを知っておけば、なんの心構えもない無防備な状態でその辛さを味わうよりも、かなりショックはやわらごうというもの。人間関係を築くなどして備えることもできるでしょう。

# 孤独感から生まれる病

肉体の衰えと孤独感には、非常に深い関係があります。

**やはりちょうど肉体の耐用年数を超えた65歳くらいから、心を病む人が非常に増えてきます。**

私の周りで多いのは、うつ病になるケースで、不眠の症状が出る人が増えています。社会的地位を失ったことや、人間関係を損なってしまっただとか、自分が陥った状況についてくよくよと思い悩んでいるうちに、寝つけなくなってしまうのでしょう。

それから、妻に先立たれて一人になった夫は、認知症になってしまうケースが多くあります。孤独感を忘れよう、亡くなった妻のことは考えないようにしようとするせいか、思考停止の状態が、だんだんと認知機能を衰えさせるのでしょう。

「不安」と「孤独感」と「うつ」は、いずれも脳の扁桃体《へんとうたい》と帯状回《たいじょうかい》という部分が関連しています。

人が孤立状態に置かれると、脳の帯状回がだんだんと正常に機能しなくなり、その影響で、不安障害の傾向が出てきて、やがて、やる気や食欲も低下し、うつの症状が出てきます。さらには、うつになると、「アミロイドβ《ベータ》」と呼ばれる、脳内に生じるゴミのようなタンパク質が脳から排除されなくなります。これがどんどん蓄積していくと、脳細胞が壊れ、アルツハイマー型認知症が引き起こされます。

## 老化を遅らせる練習

**ここから逆算して考えれば、年を取ったら、うつを引き起こす原因となる状態を避けることで、認知症になるリスクをかなり減らせることになります。**

そのために重要なことの一つめが、次章で述べる**「腸内環境を整えること」**です。**食事を改善することが、腸内環境を整え、認知症の対策にもなる**ことが、最近の研究でわかってきました。

二つめは、**「生きがいを持つこと」**。生きがいを持っている人であれば、こうした「孤立➡不安➡うつ」の悪循環に陥りにくいことはすでにわかっています。

のんびりお茶でも飲もうかと思ったら、仕事の依頼の電話がくる――そんな忙しい人であれば、不安になっている暇なんてないでしょう。

こう書くと「仕事がない人はどうするんだ?」と思うでしょうが、たとえば、これまで専業主婦として会社勤めの経験がない女性でも、孤立からうつになる人は、男性よりもずっと少ないことが判明しています。

それは、たとえ誰とも会わなくても、食事を作ったり掃除をしたり、家事のさまざまな「やるべきこと」があるせいで、十分に生きがいのある忙しい毎日を過ごしているからです。

「生きがい」とは、時が経つのを忘れるほど夢中になれる〝特別なもの〟ばかりを指すのではないのです。スーパーの特売日に目的のものを特価で買うこと、植木に花を咲かせること、道のごみを拾うことなど、どんな小さなことでも十分に当てはまるのです。

**孤立感から、認知症などの病気になる人とならない人の違いは、年を取ってからのライフスタイルや考え方に大きく左右されること**です。

ほかにどんなライフスタイルや考え方が孤独感を招くのか、どんどん明かしていきましょう。

## 運動しすぎ——孤独な寝たきりになる高齢者の共通点

肉体が衰えて病気になると、ときには死へと誘導するような致命的な孤独感が生じます。だとすれば、**私たちにできる「老化を遅らせる練習」の3つめは、「体を酷使しないこと」**です。

高齢者に対しては、「日々、足腰を鍛えなさい」と、運動を推奨する風潮がありますす。でも私は、そんなに無理をする必要などない、と考えます。

今88歳の私がしている「運動」といえば、スーパーまで歩いて買い物に行くことと、都心にある出版社に電車に乗って出向くことくらいです。

ただ、マンションの外に出るときは、エレベーターは目的の1階手前の階で降りるようにしています。そして1階分12段の階段を自分の足で上ったり下りたりしています。このようにして一日4往復くらいすれば、十分体力を維持できます。

また、このくらいの軽い運動をすれば、自分の体力がまだまだ衰えていないことを確認できますし、何かのスポーツをするよりずっと簡単で、確たる自信にもなります。

この程度でまったく構わないのではないか、と思っているのです。

ウォーキングはおろか、少しの散歩すら、本当は必要ないのではないでしょうか。

足腰の関節などの耐用年数からいっても、世の中の筋トレブームにつられて無理に「運動しよう」なんて考える必要は、まったくないと思っています。

もちろん、苦もなく楽しく動けるならば、それに越したことはありません。山登りもいいし、マラソンだっていい。若いころにしていたスポーツを、年寄り仲間と楽しむことは否定しません。

**ただ、私の周りで、高齢になってまでスポーツをやっていた人は、どういうわけか皆、早くに亡くなっているのです。あるいは、寝たきりになっています。**

そういう事実ともあいまって、「運動すれば健康的になる」という常識は、「軽い運動をすれば健康的になる」という程度に解釈して、汗だくになって息があがるほどのハードな運動はやめておいたほうがいいと思うのです。苦痛に顔をゆがめてまで健康になろうとする必要はないし、日々練習をして「大会で優勝しよう」なんて気張る必要もないでしょう。

こう書くと、ゴルフとかテニス、マラソンなど、あらゆるスポーツを生きがいとしている人たちから批判されるかもしれません。

楽しんでやっている分には構わないし、私はそういう方に対して「やめなさい」とまで言うつもりはありません。

**しかし、高齢になっても続けている以上は、「それができなくなったとき」のことを想定しておいてほしいとは思います。**

というのも、体力もあって積極的にスポーツを楽しんでいた方が、身体機能の衰えや足腰を痛めたことをきっかけに、思うように運動ができなくなり、孤独感を増してしまうケースがとても多いからです。

特にチームスポーツをやっていた人は、元気に運動を続けている仲間の姿と自分を比較して、チームに迷惑をかける心配も含め、まるで自分が脱落してしまったかのような疎外感を覚えてしまいがちです。そこから、うつになってしまう方が多くいます。

だから運動を楽しむのであれば、あまり**「競い合うこと」や「チームプレー」に熱心にならないこと。**

ゴルフのスコアも、マラソンのタイムも、一日に歩く歩数も、**年を取ったら下がるのが当たり前**なのです。ただ、その下がり具合を誰かと競い合っても意味がありません。

運動をしてはいけないというのではなく、人間の体は、**高齢になっても若い時と同じようにハードな運動ができるようにはできていない**ことを知っておいてください。

運動不足で老いてしまうこと以上に、**「無理な運動をしたせいで足腰を痛めて動けなくなり、それがきっかけで、あっという間に老いてしまうリスク」のほうを、心配するべき**でしょう。

## 「生涯現役！」そんな幻想も、孤独感を招く

年を取ってから執着してはいけないのは、運動の強度だけでなく、仕事や社会的な役割についても同じかもしれません。

もちろん、経済的な事情から「仕事をして収入を得なくてはいけない」人はいるでしょう。でも、そうではないのに、何歳になっても「仕事をするべきだ」ということはないですし、**いつまでも現役でいる人が偉いわけでも、幸せなわけでもありません。**

医学の分野にはいつまでも現役の人が多いのですが、**早期に引退したからといって悪いわけではないし、仕事を辞めたって人生を大いに楽しんでいる人は大勢います。**

世の中は、「高齢でも、仕事をしている人が素晴らしい」と、むやみやたらに崇《あが》め奉《たてまつ》るのですが、そんな幻想に惑わされてはいけません。

すでに述べたように、私たちの肉体は70歳や80歳を超えたら、正常に使えるようにはできていません。したがって仕事年齢だって、本来は70歳以上を想定してはいないわけです。だから一般的には65歳くらいで定年になっています。

しかし、人生が長くなった結果、私たちは想定外の努力をしなければならなくなりました。

たとえばあるマンションで、高校の校長先生だった方が、管理人の仕事を引き受けていたとしましょう。そうやって仕事をしていることは賞賛されるべきことですし、管理人よりも校長先生のほうが偉いということもありません。時間に余裕があるし、本人が楽しんでやっているならば、何も問題はないことです。

しかし、もし、「なんで校長だった私が、この仕事をしなければいけないんだ」とか、「校長までやった人間に世の中は冷たい」などと感じるようであれば、そこからたちまち疎外感や孤独感が、広がっていきます。

それに、家でのんびりしている状態とくらべれば、やはり体に負担がかかるのは事実です。なんだかんだいって管理人さんの仕事は忙しいものですから、それなりに体をケアしながら、無理をせずに仕事をしていく必要があるでしょう。

というわけで、「老化を遅らせる練習」の4つめは、**「生涯現役が理想！　という幻想を捨てること」**です。

引退後も仕事を続けることは、生きがいにもなるし、人間関係を維持したり新しく築いたりするきっかけにもなりますから推奨すべきことです。私も執筆の仕事をしているおかげで、心身ともに健康な生活ができているのは確かです。

ただ、多くの場合、現役のころよりも権限は少なくなるし、言い分も通らなくなります。現役時代にそれなりの地位にいて部下たちから丁重に扱われていたのに、引退して顧問のような立場になったとたん、部下が持ち上げてくれなくなり、言うことを聞いてくれなくなることは、よくあります。

現役時代は上下関係が厳格だったので、部下もそれなりに気をつかわなければならなかったのが、そうした関係性がなくなれば、元部下も自分の仕事があるから、いちいちあなたに構ってばかりもいられません。

ときには元部下に、これみよがしに邪険にされることがあるかもしれませんが、それは現役時代にあなたが相手に辛く当たっていたからでしょう。多くの場合は親子関係と同じで、必ずしも元部下がリスペクトの気持ちを忘れたわけではないのです。ただ、関係性が変化しただけです。

**こうした変化を素直に受け入れられるならば、年を取って仕事をしても問題はありません。**けれども、「現役と同じように自分は大切に扱われるべきだ」と心のどこかで思っていれば、そうならない現状を淋しく感じ、自信を喪失していくことは多くなります。

## キャリアに執着すれば認知症に⁉
## ――「越されてなんぼ！」と思えなきゃどうする？

私の知人に、100歳近くまで現役で、非常に健康だったある大学の名誉教授の方がいました。

ところがキャリアの最後で、大きなミスを犯してしまったのです。人間関係における判断を間違えたのです。

偉くなると、周りにあれこれいろいろな企みや思惑、嫉妬を抱えた人たちが近づいてきます。そうした人たちに、あることないこと吹き込まれ、自分が一番信頼していた部下を、自らの手で排除するように唆《そそのか》されてしまったのです。

その後、彼は自分の過ちに気づいたのですが、もはやあとの祭りです。野《や》に下った部下を、呼び戻すことはかないませんでした。

すると突然、彼は認知症になり、施設に入って2年ほどで亡くなってしまいました。

90歳を超えてもあれほど頭の切れた人が、まさか認知症になるとは、私は考えもしませんでした。てっきり、仕事中にポックリ逝《い》くのだろうと思っていたくらいです。

そのときは、年を取ることの怖さを感じたものです。

アルツハイマー病による認知症（アルツハイマー型認知症）は、一般的には加齢とともに脳内にアミロイドβというタンパク質が蓄積していき、それが脳細胞に影響を与えるために起こるとされていますが、若年でかかる人もおり、なぜ、アミロイドβ

が蓄積するのか正確な原因はわかっていません。

ちなみに、「認知症」というのは病名ではなく、表面に現れた症状のことを指します。そして、認知症を引き起こす原因は一つではありません。頭部の外傷で起こることもあるし、糖尿病などの生活習慣病やアルツハイマー病が原因であることもあるし、レビー小体の蓄積や遺伝性の場合もあります。

すでに述べたように、アルツハイマー型認知症には、うつが大きくかかわっています。**孤独感や自信喪失、挫折感などで、耐えられないほどの精神的な苦しみがある人は、アルツハイマー型認知症になりやすい**わけです。

実際に、アルツハイマー型認知症になった人を見れば、「人生をかけて、自分が立ててきた学説がダメになった」とか、「今までの自分の功績が否定された」など、何か取り返しのつかない大きな失敗をしたと思い込んでいる場合が多くあります。もちろん、伴侶を失ったことに対する喪失感が、認知症の発症を促すこともあるでしょう。

**だからアルツハイマー型認知症を避けるために大切なのは、高齢になったら、もう執着は捨てることです。**世の中は変化していくのですから、仕事で成し遂げたことも日々どんどん更新されるし、下の人間が上の人間をどんどん追い越していくのも当然だ――そのように認識を改めましょう。そうした変化は、人類にとってむしろ喜ばしい進化発展であり、自分が否定されているわけでは決してないのです。

というわけで、「老化を遅らせる練習」の5つめは、**「過去の実績に執着しない」**ということです。

それでも、どうしても執着が捨てられないのなら、いっそ自分が属していた世界から完全に離れることです。

いつまでも「尊敬されていたい」とか、「下の人間に優越感を持ちたい」と考えているかぎり、現実とのギャップに打ちのめされるだけ。だから、そうした苦しい思いをしないですむように、その世界から離れるのです。引退者は引退者として、まったく違った人生を楽しむほうが、きっと心穏やかでいられ、楽しくもあるはずです。

## 「脳トレ」より効くもの

最近は、認知症を予防するために、パズルや間違い探し、クイズや計算ドリルを解くといった、いわゆる「脳トレーニング（脳トレ）」が流行っています。ただ、これが実際に予防に効果あるかといえば、大いに疑問です。

というのも、**脳の一部分を酷使したところで認知症対策にならないことは、すでに医学的に証明されているから**です。それは、コンピューターのように優秀で明晰《めいせき》な頭脳を日々鍛えている囲碁や将棋の名人でさえも、認知症になることからも明らかです。

**逆に、無理に好きでもない脳トレをして、それ自体がストレスになるのであれば、うつの原因になってしまうことすらあるでしょう。**

それよりも、積極的に新しい知識を吸収したり、今、あなたがしているように本を読んだり、文章を書いたり絵を描いたりといった活動をするほうが、よほど脳の海馬《かいば》の細胞は増えていきます。

そんなふうに好奇心や創作欲を満たしていくことこそ、本当の意味での「脳トレーニング」ではないでしょうか。

というわけで、「老化を遅らせる練習」の6つめは、**「好奇心や創作意欲を満たしていく」**です。

ちなみに、認知症の原因の中でも上位を占めるアルツハイマー病は、脳神経が変性し、脳細胞が萎縮していく病です。

最近になり、アルツハイマー型認知症は薬で進行を遅くすることができるようになりました。でも高額なわりに、遅らせる程度は20～25%のみ。たとえば85歳くらいで始まる認知症が、88歳くらいで始まるようにする効果しか、今のところありません。しかも、認知症を引き起こす病気は、ほかにいくつもあるわけです。ですから、「アルツハイマー型認知症だけの発症を延ばしたところでリスクは変わらない」とする考え方もあります。

でも、「3年も遅らせることができるなら、朗報だ」と考えることもできます。そのご家族にしてみれば、3年間の介護負担があるかないかの差は大きいからです。

ところで、今、世界は、アルツハイマー病と腸内細菌との関係に注目しています(残念ながら日本での研究は遅れています)。

アルツハイマー病を発生させる要因が解明されれば、将来はかなりの割合で認知症を抑えることができるでしょう。

## 「心の内を語れるこんな相手」を確保なさい

19世紀から20世紀にかけて活躍した精神分析のパイオニアだったフロイトが、うつ病などの患者に対してまず行なった治療は、「患者さんの話を聞く」というものでした。

患者さんの話を聞き、苦しみの根源がどのような過去の体験にあるのかを探る――それが現在の心療内科における「カウンセリング」的な治療法の出発点となりました。

その後、20世紀末になって精神医学が発達し、うつ病への「薬物療法」が始まったことで、フロイトが行なったような対話療法は、徐々に廃《すた》れていきます。

しかし近年、抗うつ剤のような薬物は、「それほどの効き目がないのではないか」とされはじめています。

「プラシーボ（偽薬。プラセボとも）効果」というものがあります。「この薬は風邪に効きますよ」と言って、ただのビタミン剤などを患者さんに渡すと、その効果を信じた体が免疫力を上げ、風邪の症状などが治ってしまうことがあります。これまでの抗うつ剤の成果とは、そうしたプラシーボ作用の範囲内ではないか、というのです。

実際のところは、プラシーボというのは言いすぎであり、自殺をしようとするような強度のうつ病に対して、抗うつ剤はそれを引き留める程度の効果はあります。

しかし、その前段階であれば、薬に頼らず、医者がその苦しみを聞きながら一緒に解決する「認知行動療法」が、昨今のうつや不安の治療法の主流になりつつあります。

この心療内科の先生と同じような役割を果たしているのが、たとえばキリスト教などの宗教でしょう。特にカトリックでは、教会で神父に罪や苦しみを打ち明け（告《こっ》解《かい》）、「お前の罪は赦《ゆる》された」と告げられることで、心のケアをしている信者は大勢います。
**人は苦しいとき、その心の内を人に聞いてもらうと、気持ちが楽になるのです。**だ
から、うつへの対策として、人と話すことは重要だ、と言いたいのです。
というわけで、「老化を遅らせる練習」の7つめは、**「誰かに心の内を聞いてもら
う」**となります。

しかし、「そもそも、そうやって打ち明けられる人がいないから、孤独感を覚える
のでないか」と、お思いになるでしょう。
いえ、別に相談する相手は誰だっていいのです。定期的にクリニックに通って相談
するのでもいいし、もしも自分の話をしっかりと聞いてもらえるのなら、お坊さんの
説教とか、キリスト教のミサに参加してもいいでしょう（聞いてもらえないなら逆効
果になるかもしれませんが）。市町村の催しには、カウンセラーや心理学の先生に相
談できる機会があるかもしれません。

ただ、家族や親しい友人に相談すれば、相手の負担になりかねません。相手だって、相談されたところで、どうしていいかわからないからです。**本格的にうつの傾向を感じるならば、それこそ心療内科の先生を訪ねてみてください。**心理的な問題のプロに頼むことが、孤独感への対策として重要なことでしょう。

## 「眠れない」を放置しておくと……

年を取ってから孤独感が増す原因には、**寝つきが悪くなること**も含まれます。

高齢になると、「眠い」という感覚が起こりにくくなります。あなたがもし、ある程度の年齢の方なら、夜中に目が覚めてトイレに行ったら、その後なかなか寝つけずそのまま朝を迎えてしまった、という経験があるかもしれませんね。

子供のころは、目をつぶれば、ひたすら眠っていました。遊び疲れたら自然に眠くなるのが普通でした。

ところが年を取ると、脳内で分泌される眠りをコントロールするホルモンの量が減り、「眠い」という感覚が得られなくなっていきます。体は眠りを欲しているのに、心が眠気を受け付けないせいで、眠れなくなるのです。

**「眠れない」という状況を放置しておくと、どんなにメンタルが強い人でも、やがて心が蝕まれていき、孤独感を強く抱くようになってしまいます。**

ただでさえ人間関係や健康のことで孤独感が増しているのに、眠れなくなれば、くよくよと将来を憂える時間ばかりが増えます。すると睡眠不足からうつになるなど、体に悪い影響が出てくることもあるわけです。

ですから、医師は「ハルシオン」などの睡眠導入剤を使うのですが、なかなか効果は現れません。お酒に頼っても、飲酒はかえって睡眠を浅くしますので、余計に眠りにくい体質が強化されてしまいます。

というわけで「老化を遅らせる練習」の8つめは、**「(次項目の高田流快眠法で)よく眠る」**です。

アルツハイマー型認知症が起こるしくみのところで述べた脳内に生じるゴミのようなタンパク質「アミロイドβ」は、寝ている間に脳から排出されます。もしも、眠れなくて困っているという場合は、ぜひ、私が編み出した次の快眠法をお試しください。

## 薬に頼らず、ついに快眠を楽しめるように！　私の秘技

私も、寝つけない、眠れないという睡眠問題に悩んできた一人ですが、ようやくよい解決法を見出しました。名づけて「高田流快眠法」です。

実は「眠れない」状況に陥るのは脳の問題だけで、「眠い」という意識や感覚がなくても、体のほう、つまり手や足、胃腸などはひとりでに眠った状態に誘導されていくのです。だから、**ベッドに入ったけれど寝つけない、というときは、目を閉じて、「もう手は眠っているな」「背中は眠っているな」と、体のあちこちが徐々に休息モードになっていくのを感じていくようにします。するといつのまにか、脳も眠りに落ちていきます。**

私はこの方法を編み出してから、毎日、快眠を楽しんでいます。それまでは、「眠れない、眠れない」と焦るため、逆に意識がはっきりしていっていました。何時間も坐禅を組んだこともありましたが、これまた余計に頭が冴えてしまい、そのうえふと過去の経験を思い出し、孤独感を蒸し返したりして最悪な心理状態になっていくことがありました。

もし、この入眠法を試しても眠れなければ、逆に起きてしまえばいいでしょう。朝方にでも眠くなったら眠ればいい。よくないのは、くよくよ考え続けてしまうことです。

## 会社人間ならできる、夢中になる!
## これを究める道!

孤独に対しても、老後の人生に対しても、男性よりも女性のほうがずっと強い精神を持っています。一説によると、配偶者が亡くなった場合、妻を失った夫は平均して

2年ほどしか生きませんが、夫を失った妻は平均して15年ほど生きるとか。

平均寿命も、2022年の厚生労働省の統計では、男性が81・47歳なのに対し、女性は87・57歳となっています。

ただし、女性のほうがアルツハイマー型認知症になる割合は高いので、必ずしも女性のほうが「老化に強い」ということではありません。

孤独感に関していえば、女性は近所の人などとの付き合いを広げやすく、料理や掃除など、たくさんの「やるべきこと」を見出しやすいようです。だから決して毎日に退屈はしないし、生活のルーチンも楽しみやすい傾向があります。

男性の場合は、食事にしても出されたものを食べるだけで、自分で作ろうとはしない人が多く、そういう人は、妻が亡くなってからも、自分で献立を考え、料理をすることはほとんどありません。外食をしたり弁当や惣菜を買ってきて食べるだけ。そして、15分くらいで早々に食べ終わってしまったら、あとはやることがない……。

そんなふうに、献立や調理手順に頭を使うこともなく、暇な毎日を繰り返しているうちに、喪失感と孤独感で頭の中がいっぱいになってしまうわけです。

このような事実も逆算して孤独感対策に応用するならば、会社人間だった人は、年を取ったら今までやらなかった家事にどんどん手を出すようにしていけばいいのです。買い物はもちろん、掃除や洗濯、料理に凝るのもいい。アイロンがけだって裁縫だって、トライしてみればなかなか難しくて、それがまた面白いでしょう。

というわけで「老化を遅らせる練習」の9つめは、**「家事を究める」**です。

**やってみればあらゆるものは奥深いし、上達することが生きがいにもなってきます。**

たとえ自分だけしか食べない食事でも、凝りだせばだんだんと楽しくなります。

それでもどうしても淋しいのであれば、それこそSNSでも発信してみてください。SNSは、たった数回で誰も反応してくれないとあきらめてはいけません。もてましている時間を味方につけて日々のアップ回数を多くし、数週間、数カ月と根気よく発信し続けていれば、やがて誰かが反応してくれるでしょう。

## 3章 まとめ ● 価値ある気づきとハツラツ人生の智慧

●65歳以降、肉体の老いや病が進めば、孤独感が増し、うつ病からアルツハイマー型認知症を発症することもある。健康に留意することは、孤独感対策として大切。

●遺伝子的には120歳まで命があるが、それは、呼吸して日差しを浴びて普通に生活していたらまず実現不可能。体を酷使せず、いっさい傷つけない場合の話である。

●老化を遅らせる練習法には、以下の9つがある。

練習①腸内環境を整える。食事の改善は、善玉腸内細菌を増やし認知症予防にもなる。

練習②生きがいを持つ。何かを育てる、片づけるなど、どんなに小さなことでもいい。

練習③体を酷使しない。運動をするなら軽いものに留め、運動できなくなったときのことも想定しておくこと。競い合わない、チームプレーに熱心にならない、スコアもタイムも歩数も下がって当然と思っておく。

練習④「生涯現役!」という幻想を捨てること。いつまでも現役が偉いわけでも幸せなわけでもない。仕事を辞めて人生を大いに楽しんでいる人は大勢いる。

練習⑤過去の実績に執着しない。下の人間が上の人間を追い越していくのは当然。もしもそう思えないのなら、その世界から離れて新しい人生を歩もう。

練習⑥好奇心や創作意欲を満たそう。計算ドリルなどのいわゆる「脳トレ」に認知症予防効果がないことは医学的にも明らか。絵を描く、文を書く、物を作るなど、手足の指先を動かすことが脳に効く。

練習⑦心が苦しいときは、心の内を人に聞いてもらおう。相手は、カウンセラーや心療内科の医師などのプロがおすすめ。

練習⑧よく眠る。眠れないときは、高田流快眠法を試してみよう。

練習⑨家事を究める。掃除もアイロンがけも料理も、あらゆる家事は奥深い。

# 4章

# まさか！腸内細菌で、孤独が楽しめる!?

……最新医学でわかった！胃腸の不思議と新常識

## 心が強くなる新常識
## ――〝涙ぐましい腸の努力〟を助けるには

1章で述べたように、最近、明らかになりつつあるのは、「腸内細菌」と「孤独感」が深く関係している、ということです。

なぜ腸の中の細菌と、人間のライフスタイルやメンタルが関係するのか？

腸内細菌というのは、母体の中にいる胎児の段階では存在せず、最初は、出産の際に母親の産道を通るときに取り込まれます。その後は、私たちが食べ物を摂取するたびに取り込まれて蓄積されるし、呼吸によって外気から細菌が入ってくることでも定着します。

そして腸内細菌は、体内でさまざまな作用をするのですが、よく知られているのは、食べ物の消化を助ける働きでしょう。その最たるものは、食物繊維の分解です。

野菜や穀類に多く含まれ、便秘の予防やダイエット効果がある食物繊維ですが、私たちの消化器官から出る自前の消化液では、これを分解することができません。

そこで私たちの体は、腸内細菌の力を借りて、食物繊維を分解しています。この腸内細菌の素《もと》となる細菌が、「善玉菌」（プロバイオティクス）と呼ばれるもので、味噌や納豆、ヨーグルトなどの発酵食品に含まれています。

けれども昨今では、腸内細菌には、こうした腸の働きを助ける作用のほかに、**ドーパミンというホルモンを分泌するよう、脳に信号を送る働きもある**ことが、わかってきました。ちなみに、ドーパミンには、意欲を活性化し、やる気を高める働きがあります。「腸から脳に信号が送られて、やる気が出てくる」と聞くと、不思議に思う方も多いでしょう。

腸内細菌にはさまざまな種類があり、今では、どの腸内細菌が、「ドーパミンをもっと分泌しましょう」という信号を出すのかもわかっています。

そして孤独な状況に陥った人の腸内を調べると、「ドーパミンを出すように信号を送る腸内細菌」が増えていることもわかりました。

**私たちの胃腸は、孤独感に耐えられるよう、頼れる味方を必死に育てるかのように、**

**メンタルの弱体化を防いでくれる細菌を選んで増殖させていたのです。**

昔は、孤独感を緩和するためには、脳からセロトニンという〝癒やし〟のホルモンを分泌させるのがよいとされていました。セロトニンを分泌させるには、第一に砂糖のような糖分、第二に肉を食べたほうがいいとされていたのです。

ところが最近は、肉はともかく、甘いものの摂取量を増やすのはよくないといわれるようになってきました。それよりも、**バランスのよい食事をとれば、いろいろな腸内細菌が育つことになり、健康にも非常に有効だ、腸の働きを応援することになる**と考えられるようになったのです。

メンタルヘルスやアンチエイジングの常識を変え、「孤独を楽しむための最高のツール」となりつつある腸内細菌は、今、医学はもちろん、栄養学や脳科学の分野でも世界中で話題の、最もホットなテーマといっても過言ではありません。

健康食品の分野では、いわゆる善玉菌を増やし、悪玉菌を減らすような食品が、今まで以上に販売されるようになっています。「がん」の治療においても、腸内細菌を活かすことが考えられ、研究されるようになっています。

さらに、これまで「治療法がない」と考えられていた、ＡＬＳ（筋萎縮性側索硬化症）、パーキンソン病、ＡＳＤ（自閉スペクトラム症）などの治療法としても、腸内細菌が検討され、実用化されようとしています。

これからは研究者だけでなく、一般の人にとっても、腸内細菌は大きな関心事になっていくことでしょう。

## 敵か味方か？ 腸内細菌とは何なのか？

では、「腸内細菌」とは、いったい何なのでしょう？

腸内細菌はヒトの場合、体の中に約１０００種類、約１００兆個存在するとされます。また、その細菌の持つ全遺伝子の数は、約１２００万個とされています。ヒトの遺伝子が２万～２万５０００個といわれていますから、莫大な数だといえるでしょう。

これらの腸内細菌は、全体をひとまとめにして「腸内細菌叢（腸内フローラ）」と呼ばれています。

あらゆる腸内細菌は、人間を宿主にした寄生体です。腸内ではさまざまな栄養素が分解されますが、細菌もまた、独自に栄養素の分解を行ないます。そして分解された栄養素を、腸(人体)と細菌でお互いに分け合っています。

この持ちつ持たれつの関係が、私たちの健康状態、病態と深く関係しているのです。**腸内細菌が作りだした産物は、腸壁を通り抜けて血管に入り、血管から全身に送られたり、腸管の神経系を刺激したりして、脳などに影響を与えています。**


そんな腸内細菌ですが、必ずしも人間を助けてくれるものばかりではありません。善玉菌もあれば、悪玉菌もあります(日和見菌まであります)。むしろその研究は、腸内病原菌として人間に害をなす悪玉菌から始まりました。コレラや赤痢など、ときに人間に死をもたらす病原性微生物も、腸内細菌には含まれるのです。

腸内細菌のうち、炎症を起こす病原体を「起炎性病原体」といいます。これは細菌性、ウイルス性、原虫性、寄生虫性に分けられます。腸チフス、パラチフスは敗血症

## 腸内にいる腸内細菌のイメージ

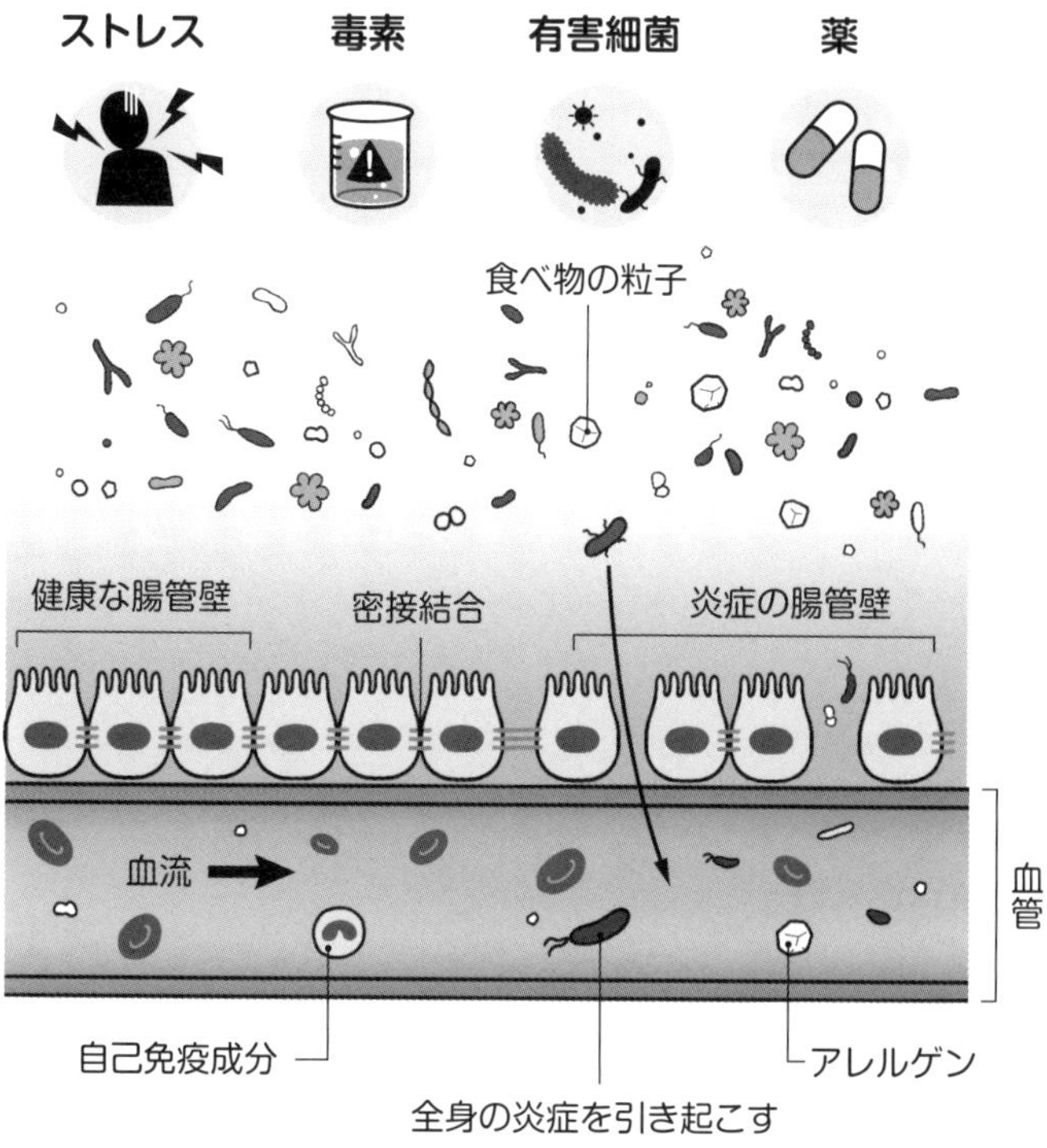


腸管の上皮細胞は、腸内の食べ物の分解産物を取り込む。健康なときは上皮細胞の中に取り込まれて体内に入るが、ストレス、病原菌、有害物質、有害細菌、薬などが腸内に入ると細胞の間の密接結合（タイトジャンクション）という部分が壊れ、ここを通して血管内に浸透し、あらゆるものが体内に入ってきてしまう。

を引き起こす細菌による全身性の感染症です。

食中毒を起こす起炎菌には、サルモネラ菌、黄色ブドウ球菌、ボツリヌス菌、腸炎ビブリオ、腸管病原性大腸菌などがあります。

大腸菌のO《オー》−157《いちごなな》株のようにエキソトキシン（外毒素）を出す菌は急性腎不全を起こしますし、セレウス菌や、黄色ブドウ球菌が出す内毒素（エンドトキシン）は、100度で20〜30分の加熱処理をしても毒性は消えず、食中毒を起こします。

コレラ菌やロタウイルスが小腸に感染すると、粘膜の炎症はほとんどありませんが、大量の水分を内腔に出し、急性下痢症を引き起こします。


こうした恐ろしい腸内細菌がある一方で、善玉とされる有効な腸内細菌もあります。食品では、発酵食品やヨーグルトなどに含まれ、私たちが摂取している発酵食品は、そうした善玉菌を含むものです。

現在認可されている特定保健用食品（トクホ）の4割は、整腸機能のある食品群とされます。これには乳酸菌やビフィズス菌のような生菌、食物繊維に属するペクチンやグルコマンナンのような多糖類、単糖が2、3個から10個程度結びついたオリゴ糖の3種があります。

乳酸菌やビフィズス菌は、酢酸、プロピオン酸、酪酸《らくさん》などの「単鎖脂肪酸」を産生して、腸内を酸性化することにより、病原性微生物の増殖を抑制し、腸管内の環境を改善するとされます。有害細菌が減少すると、それらの代謝産物であるアンモニア、アミン類、インドール、硫化水素などの腐敗産物生成も抑制されるので、おならや便臭の改善効果もあります。臭くなくなるわけです。

さらにピロリ菌が胃上皮に接着して増殖することを抑制します。ご存じのように、ピロリ菌は胃がんを発症させるものです。また、単鎖脂肪酸は、それ自身も腸管上皮に吸収されて、エネルギー源となり、平滑筋《へいかっきん》や神経系の働きを強化します。

## 腸内細菌が脳（心）に作用するしくみ

腸内細菌のさまざまな種類と効果をあげましたが、これらに加えて、新しくわかってきたのが、うつ病、不安、孤独感、恐怖心などに対して、心を安定させて健康を保つ作用です。

心に作用する腸内細菌は、「サイコバイオティクス（精神活性化微生物）」と名づけられました。

現在、ビフィドバクテリウム・アニマリス、ストレプトコッカス好熱菌、ラクトバチルス・ブルガリクス、ラクトコッカス・ラクティスなど、さまざまな善玉菌がサイコバイオティクスとして感情を変化させることが脳のＭＲＩ検査で確かめられています。

「腸」と「脳」をつなぐルートは、四つあります。

**①神経系、②免疫系、③ホルモン系、そして④血液です。**

これらのルートを通じて、どのように腸内細菌が脳に作用するのか？　それぞれ見ていきましょう。

といっても、小難しい生物学的な話は苦手という方は、この①〜④は、読み飛ばしてもらっても大丈夫です。１２８ページの見出しからお読みいただければ十分に、健康に役立つ知識を得られます。

## 腸↓脳ルート① 神経系を伝って、サインを出す

神経系とは、脳と脊髄《せきずい》にある神経からなる中枢神経系と、そこからさらに全身に通っている末梢神経系のことをいいます。

末梢神経は、自分の意思で働く「体性《たいせい》神経」と、意思とは無関係に働く「自律神経」に分けられます。自律神経は、「交感神経」「副交感神経」「腸管神経」から成ります。

体性神経は、視覚・聴覚など五感の知覚と運動を司《つかさど》る神経で、ものを食べるときにも活動します。神経を通じて体に働きかけることで、腸内細菌、さらにサイコバイオティクスにも関係しています。次に自律神経系の交感神経・副交感神経・腸管神経におけるサイコバイオティクスとの関連を見てみましょう。

**交感神経**……「闘争か逃走か」の神経といわれ、ストレスがあるレベルに達すると、好むと好まざるとにかかわらず発動し、闘争心を高めたり、逆に頭に血が上ったとき

に、心を冷静に落ち着かせて闘争から逃げる選択をさせたりします。交感神経が活性化する要因には、ケガをしたとか、交通渋滞でイライラしたなどの外的要因による場合と、食べ物で炎症を起こした場合などの内的な原因によるものがあります。後者になると、サイコバイオティクスの出番となります。

**副交感神経**……交感神経で刺激された体を健常にし、副交感神経優位の状態に戻すのが、サイコバイオティクスの役割です。

**腸管神経系**……口から肛門までの、すべての消化器官をつないだ管を「腸管」といいます。腸管神経は、その回りに張り巡らされている神経です。ほかの神経系とも密接に連携していますが、自律的にも活動します。この神経系は腸内細菌と一緒になって、私たちの体を健常に維持しようとします。腸は、脊髄、迷走神経を介して脳と連絡しています。

腸内細菌は、多くの神経の伝達に関係する物質を作っています。ドーパミン、セロトニン、GABAなどです。

さて、腸とつながる脳の気分を支配する場所は、どこにあるのでしょうか？

迷走神経は、大脳と脊髄を結ぶ脳幹にある腹側被蓋野《ふくそくひがいや》、青斑核《せいはんかく》、縫線核《ほうせんかく》などにつながっています。そして縫線核は神経を通してセロトニンを脳全体に送り、青斑核は神経を通してノルアドレナリンを脳全体に送っています。

## 腸→脳ルート② 免疫系に作用して、病気に対処する気持ちにさせる

私たちの体のすべての部分には免疫系の細胞が分布していて、体が傷つくと、その部分を修復しようとして集まってきます。そして免疫細胞が、病原菌などに反応する抗体を作るわけです。

さらに大事なのは、免疫細胞が「サイトカイン」という低分子のタンパク質を産生することです。これは傷の程度を周囲の細胞に伝え、それに備えるようにさせます。

腸管のすべての細胞はサイトカインを産生するのですが、**実は腸内細菌もサイトカインを産生します。そして腸内細菌の産生するサイトカインは、不安感を生じさせる**

ことが動物実験からわかっています。

病気になると動くのが嫌になり、じっとしていたくなるものですが、これは腸内細菌が産生したサイトカインが、脳に安静にするようサインを出して、病気に対処させていると考えられます。

## 腸→脳ルート③ 内分泌系ホルモンを分泌させて、うつを引き起こす

私たちの体は、毒素や微生物によって攻撃を受けると、体内の細胞からサイトカインやホルモンなどを分泌して、健常を保とうとします。

ホルモン系で最も大事なのは、視床下部《ししょうかぶ》（hypothalamus）―下垂体《かすいたい》（pituitary）―副腎（adrenal gland）のネットワークです。この三つの部位の頭文字をとって「HPA軸（HPA axis）」といわれます。HPA軸は、代謝、睡眠、気分、水分調節などさまざまな分野で私たちの体が健常に働くように調節しています。しかし、ここでは炎症に関する働きについてだけ述べましょう。

## ホルモン系のネットワーク

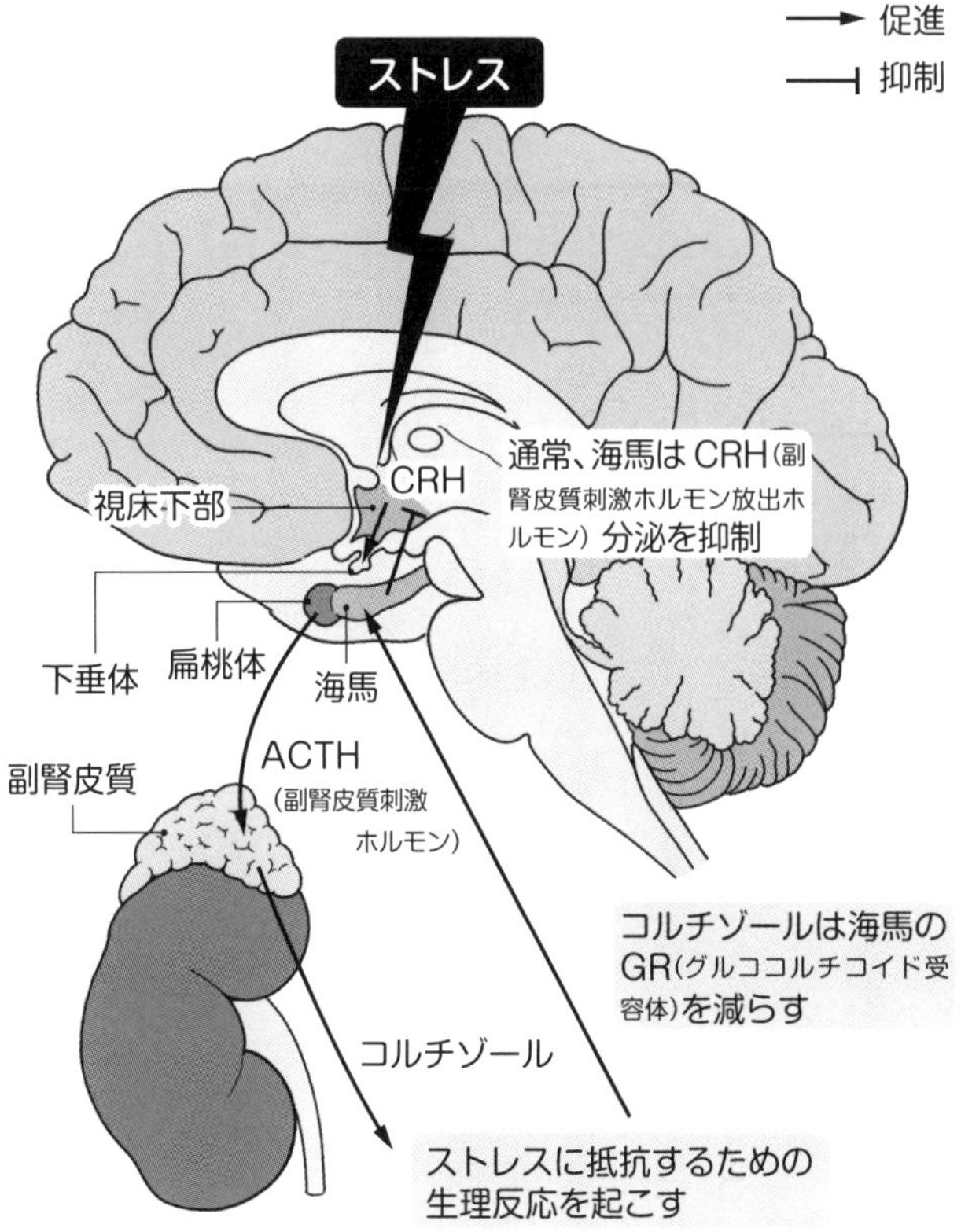
促進
抑制
ストレス
通常、海馬はCRH（副腎皮質刺激ホルモン放出ホルモン）分泌を抑制
CRH
視床下部
下垂体
扁桃体
海馬
副腎皮質
ACTH
（副腎皮質刺激ホルモン）
コルチゾールは海馬のGR（グルココルチコイド受容体）を減らす
コルチゾール
ストレスに抵抗するための生理反応を起こす

副腎皮質から分泌される「コルチゾール」というホルモンには、強力な免疫抑制作用があります。

通常、体が免疫による炎症反応を起こすと、侵入してきた微生物を殺しますが、炎症反応が過剰に起こると、有害な微生物だけでなく、私たち自身の細胞も害してしまいます。これを調節しているのがコルチゾールです。

ただ、コルチゾールにはまた別の働きもあります。それが脳に対する作用です。免疫反応を抑制する際に、不安、恐怖、嫌悪、そしてうつ状態を引き起こすのです。

つまり、腸内細菌が体に入った毒素や微生物の攻撃を受けると、腸内細菌は身を守る働きをするとともに、HPA軸のネットワークに働きかけてコルチゾールを分泌させます。そのコルチゾールのもう一つの作用のせいで私たちは意欲を抑えられ、うつになっている可能性があるわけです。ちなみに**医薬品として用いられるコルチゾールも、うつ病の原因にもなる**として、近年はその有害性が問われています。

でも、体を守るためのコルチゾールに、どうしてそんな作用があるのでしょうか？

その理由は、コルチゾールの機能が、人類が進化の段階で「身を守るため」に備わった機能だと考えられるからです。

そもそも動物の世界は、弱肉強食、生存競争の世界です。群れを作る動物には、1匹の強いオスが多くのメスとその子供すべてを従えるハーレムを作る例が多くあります。群れに従属する、あるいは群れからはぐれた弱いオスは、強いオスを怒らせないために、精神の興奮状態を抑え、おとなしくしている必要があります。

また、外敵に襲われた際も、頭に血を上らせてカッカしながら敵に向かっていく個体よりも、闘争本能を抑えて逃げる選択をする個体のほうが、生き残るためには有利だった可能性が考えられます。

人類の祖先にも、多かれ少なかれそのような時代があったと推測され、外敵や微生物への反応が過度にならないよう精神を鎮《しず》める目的から、人類にはコルチゾールを分泌させて自分を守る機能が備わったと考えられます。そして、腸内細菌がコルチゾールの産出を促し、不安感をあおっておとなしくさせる機能が、まさにそれだというわけです。

つまり、コルチゾールの闘争本能を抑える働きは、炎症を抑えるのとは別に、人類の攻撃心を抑える働きを持つ機能として、役に立ってきたということです。

だから結果的に、「腸内細菌が、攻撃心や興奮を鎮めるホルモンを要求⬇しかしそのホルモンには、抑うつ作用という面もあり、その影響でうつっぽくなり、孤独感が増す」ということです。

## 腸→脳ルート④ 脳毛細血管の「関所」を突破して、不安にさせる

最後は「腸の働きかけが血管を通して脳に及ぼす作用」ですが、実は脳には血液を通じて病原菌の産物が入ってこないよう、血液脳関門（Blood Brain barrier ＝ＢＢＢ）というブロック機能が脳毛細血管の内皮細胞に作られ、徹底的に侵入物から守られています。したがって、腸内細菌の指示で血液中にセロトニンやドーパミン、ＧＡＢＡ、あるいは刺激物質などが分泌されても、血液を介してこれが脳に作用することはないと考えられてきました。

ところが最近の研究により、**うつ病、パーキンソン病、自閉スペクトラム症、多発**

## 腸管と脳、神経系、免疫系、ホルモン系の関係

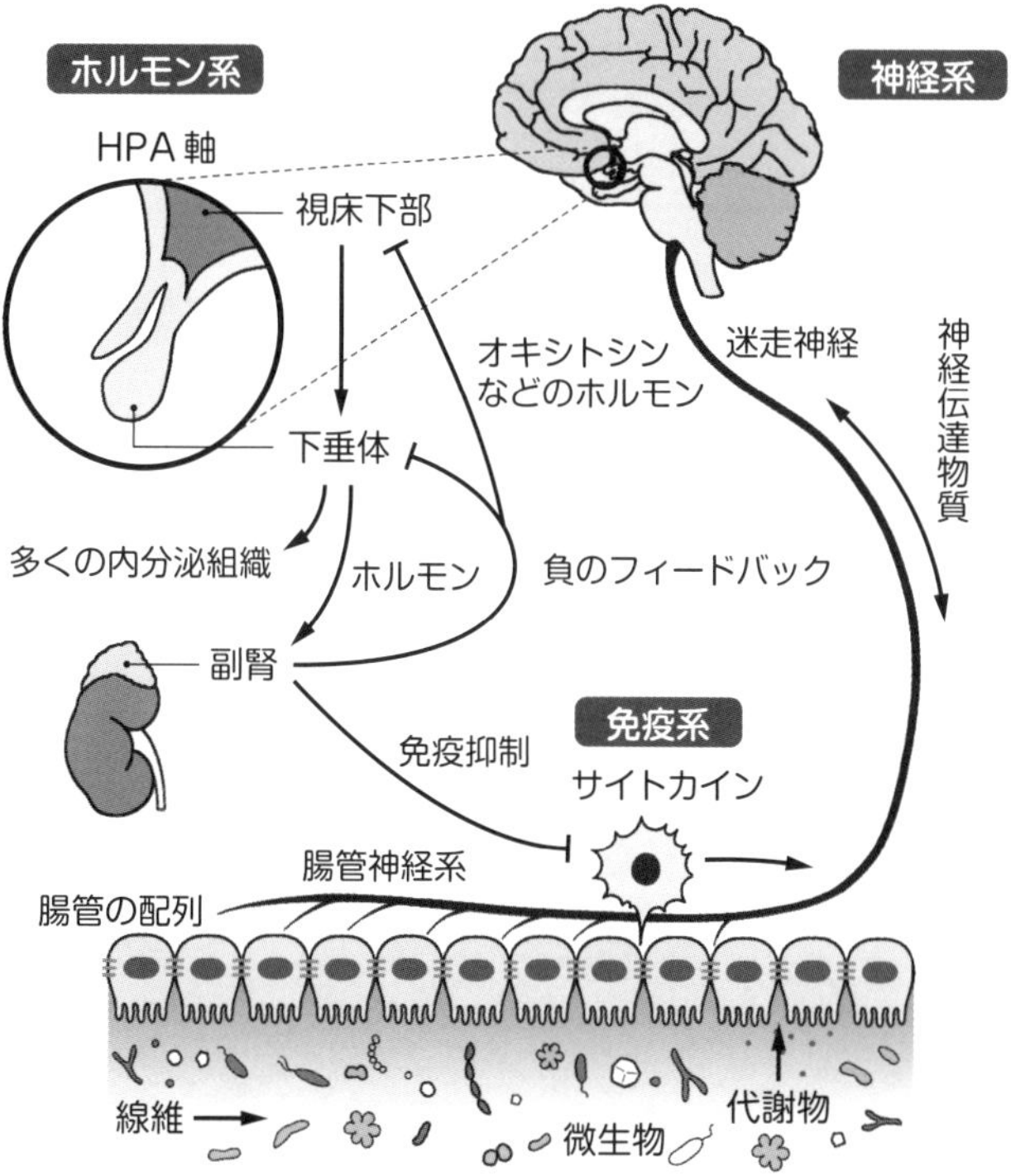


**・腸管と神経、内分泌、免疫系との結びつき**

腸での出来事の情報は、迷走神経を伝わって脳に送られる。しかし、最近では腸から血液に入った物質、たとえばドーパミン、GABA、あるいは炎症物質が脳血管関門を通過して脳に入ることがわかっている。また、脳の変化は視床下部を介してさまざまなホルモンを産生し、これが脳、腸に影響を与える。

**性脳梗塞などのケースでは、血液脳関門が壊れ、脳にあらゆる物質が入ってしまうことがわかった**のです。

すると腸内細菌の変化によって、**腸→脳ルート①〜③**で述べたように「神経系」「免疫系」「ホルモン系」からの働きかけで脳に不安を呼び起こすようなホルモンが充満し、うつなどの症状に陥ると、やがて脳の関門も突破されて、ますます孤独感が増していく可能性があります。

そのメカニズムは研究が始まったばかりの段階です。実は食べ物の研究者、精神科の医師などが参加している私たちの研究グループでも、この研究を行なっています。まだ不明な点も多いのですが、悪循環を改善するには、やはり腸内細菌の状態を改善するべきでしょう。

## 腸管内の細菌は、私たちの「愛情」を強化する

腸管とは食べ物を摂取してから排出するまでの、ひとつながりの管のことです。腸

## 健常な腸と異常な腸の、脳との関係

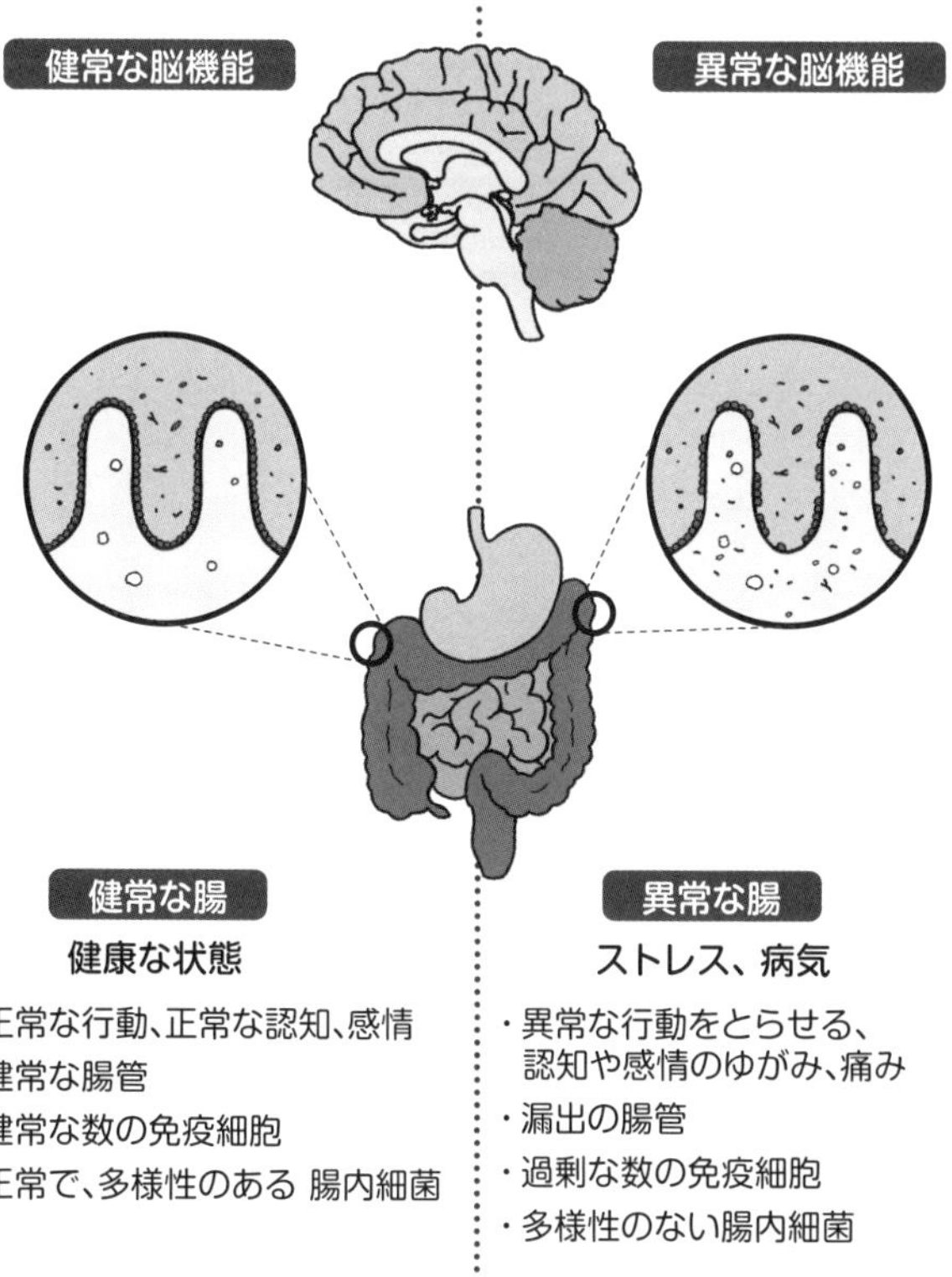


腸が健常の場合には脳の働きも健常で、人は食べ物や、お腹の状態などを気にしない。しかし下痢、腹痛、便秘などになると、腸の異常に苦む。異常が起きた腸からは、病気になるような成分が出て血液、神経を伝わり、脳を病的にする。脳が病的になると不眠、食欲異常などで、腸にも悪い影響を与える。

も含め、そこには多くの微生物（善玉菌、悪玉菌、日和見菌など）が棲息《せいそく》しています。そして体にウイルスや細菌、化学物質などの有害なものが侵入してくると、腸管内に棲んでいる微生物は、それらから自分を守ろうとして、さまざまな物質を出し、神経系、ホルモン系を刺激します。

注意したいのは、抗生物質です。**抗生物質は、悪い菌を殺しますが、同時に、健康維持に必要な、体によい菌までも一律に殺してしまいます。**善玉菌が死滅した結果、思いがけない疾患に苦しむことになるリスクがあるということは、知っておいていいでしょう。

また、最近、注目されているのが「オキシトシン」というホルモンです。これは脳の視床下部で産生されて全身に送られますが、このホルモンは「幸せホルモン」とも呼ばれます。このホルモンが多くなると、親子、男女などの愛情が深まります。腸内細菌はこのオキシトシンの分泌にも関係すると考えられています。１２７ページの図には、腸管と脳、神経系、免疫系、ホルモン系の関連が示されています。

## 大洪水であふれた汚水が証明 ――腸は脳に働きかける

**「脳腸相関」**という言葉を、最近の医学界でよく聞くようになりました。脳と腸が、お互いに密接に影響し合っていることを表す言葉です。

研究が進むにつれて、「腸は、脳で起こる現象に深く関わっている。腸は第二の脳である」とまで言う人も出てきました。

また、「腸内細菌」も、実は「細菌」にかぎらず、ウイルスなどもいることがわかってきており、総称して「腸内フローラ（microbiota）」と呼ばれるようになっています。

ちなみに「フローラ」は腸内だけでなく、皮膚の表面、口腔《こうくう》、鼻腔、気道、膣、子宮内にも存在します。それらの由来は、私たちが触れたり食べたりするものや空気、さまざまな微粒子に付着している微生物であり、それらが体内に侵入して定着したものです。

腸の状態は私たちの気分を左右し、うつや不安を増して、孤独感を深める原因となります。この理論を応用したのが、ASD（自閉スペクトラム症）の方の腸内フローラの置換、つまり、**「健常な人の便を、ASDの人の腸に移植して、腸内細菌の構成を置き換える」という治療法**です。これまでどんな薬も治療法も目ぼしい成果をあげられていませんでしたが、**この方法は唯一期待できる成果が出ており、世界の注目が高まっています。**

そもそも「脳腸相関」の考え方の起源は古く、18世紀後半のフランスの解剖学者、マリー・ビシャーが、「腸には独立した神経系が存在する」と、発見したことに始まります。

腸の神経系は、脳のように塊《かたまり》の形で存在するのではなく、腸管全体を取り囲むネットワークとして存在します。喩えれば、足を覆う靴下のような感じです。

ビシャーは、当時としては時代をはるかに先取りし、「感情や気分と脳の間には関係があり、感情は胃以外の中枢にある」と考えました。彼のいう「中枢」には、当然、腸も含まれています。

さらに20世紀後半になってマイケル・D・ガーションという学者が、腸の神経系を「第二の脳」と名づけています。

さらに腸が脳に働きかけることを証明した出来事に、２０００年5月にカナダのウォーカートンという、人口４８００人の小さな町で起きた大洪水があります。

この大洪水の影響で、ウォーカートンの町の上水道に、トイレの下水が混じってしまいました。その結果、２０００人あまりの住民が、激しい下痢や腹痛などの症状を起こします（7人が死亡）。それだけではありません。被害はさらに思わぬ方向へ拡大します。多くの住民が絶望的な孤独感に襲われ、激しいうつと不安症状を併発したのです。

カナダ・マクマスター大学のステファン・コリン教授は、ウォーカートンの患者を調べ、下痢の原因が牧場などの地面に存在する「カンピロバクター・ジェジュニ」という細菌にあることを突き止めます。

そして、この**細菌が水を通して人間の体内に入り、腸内の健全な細菌と置き換わっ**

**てしまった結果、内分泌系のホルモンが反応して、うつ状態、不安、強度の孤独感を生み出した**ことを突き止めました。事実、病院で腸を治療して腸内環境を正常に戻したら、住民たちのうつや不安感、そして孤独感の症状は消えました。

## 腸内細菌がゼロになっても「うつ」になる

このウォーカートンの洪水で、うつ症状の原因を解明したステファン・コリン教授と同じ大学のベルシク教授は、腸内細菌が精神状態とどれほど関係するのかを解明しようと、マウスを使った実験を行ないます。

あるマウスの腸内に、別のマウスの便を移植し、行動に変化があるか調べました。

マウスにも個性があり、ある種のマウスはおとなしく単独行動を好む独立型で、ある種のマウスは行動的でお互いに近くで遊び合うことを好む共存型です。そしてベルシク教授が、おとなしい性格のマウスに行動的な共存型マウスの便を移植したところ、そのマウスは他のマウスと遊び合うようになり、行動的で詮索好きになることを発見しました。

さらに、過敏性腸症候群の人間の便をマウスに移植すると、マウスは非常に落ち着きのない不安げな様相を呈するようになったのです。

また、２０１１年、スウェーデンのカロリンスカ研究所のピーターセン教授らは、**「無菌で育てられたマウスは外界の刺激に鈍感」であることを証明**しました。動物にとって、「鈍感」であるということは、危機意識が薄く外敵に襲われやすくなるため、**自然界では生存が難しい**ことを意味します。

ちなみに、無菌マウスとは、帝王切開で出産させた直後からまったく無菌の環境で育てた実験用マウスです。私たち人間を含め、あらゆる動物は出産の際に母親の産道内の細菌に感染し、さらに外界のさまざまな細菌を皮膚や呼吸器、消化器へ付着させていきますが、無菌マウスは、意図的にその過程を遮断したマウスです。だから無菌マウスの腸内には、細菌はまったくいません。

ならば人間の場合は、どうでしょう？

**人間の場合、腸内細菌を除去すると、うつ病の症状を呈することがわかってきまし**

**た。**腸内には微生物として、細菌のほかにウイルスや真菌（核膜がある真核生物。カビの一種）がいます。しかし抗生物質を服用して細菌を死滅させると、うつ病になる患者が増えるのです。

ベルギーのルーヴェン・カトリック大学のラエッス教授らは、さまざまな健康状態にあるオランダ人とベルギー人1000人の腸内細菌を調べました。そして、「うつ病の人には、2種類の腸内細菌が欠けている」と、英国の科学専門誌『ネイチャー』に報告しています。

さらに、うつ状態にした動物の腸内細菌叢は、人間のうつ病患者の腸内細菌叢とその様相が似ていることもわかりました。

そして、**無菌マウスの腸内に、うつ病患者の便を移植すると、そのマウスはうつの症状を呈したのです。**

**気分や行動傾向、そして性格には、明らかに腸内細菌が関係しています。**ほかの動物実験においても、うつや不安感、孤独感と、腸内細菌が関係していることが証明されています。

## その不調の根っこには、腸が関係するかも

孤独から生まれる大きな感情の起伏や不安感は、腸の細菌とも関係している――この事実は、**「腸内の細菌を置き換えることで、気分をも変えることができる」**ことを意味します。

いえ、〝気分〟だけではありません。最近は、パーキンソン病の治療にも、「腸内細菌を置き換える」方法が提唱されています。これは腸内細菌が、私たちの意欲を高めて元気にするホルモンである「ドーパミン」を増やすことにつながるからです。

腸内細菌を食事によって変えたり、便移植によって置き換えたりすることは、今後、孤独感を解消する手段となる可能性もあるでしょう。

腸と脳は密接に関係しますが、腸が正常に機能しているときは、頭の働きとお腹の働きは、まったく相関関係のない器官であるかのように振る舞っています。実際、腸

は脳の関与なしに、どんな食べ物が入ってこようが正しく認識し、適切な消化液を分泌し、適切に消化吸収します。

しかし腸内に有害菌が入ると、その情報はすぐさま脳に伝えられ、不安感などを引き起こします。脳に有害なストレスや緊張を覚えると、お腹が痛くなるのも、そうした理由でしょう。

腸内細菌は100兆個以上も存在しており、その遺伝子の数は1200万個とされています。ヒトの遺伝子は全部で2万〜2万5000個くらいですから、私たちはその500倍ほどの数の遺伝子を、別生物として体内に抱えているわけです。

ただ、多くの細菌は「共在菌」といって、私たちの健康を害するものではありません。気分や脳の機能に影響を与えるサイコバイオティクスとして、健康の増進に関係する菌は、ほんの一部です。

腸内細菌は、神経伝達物質のような化学物質を使って脳と連絡をしています。ある場合には病原菌が有害な化学物質を分泌し、それが脳のパニックボタンを押してしまい、私たちは強度の不安感などに見舞われます。

また、腸内に有害な細菌が入り込むと、免疫系が活動し、さまざまな物質を分泌します。これが血液を伝わって全身に送られるので、全身の疾患にもなるのです。

異常なシグナルは、腸内に病原菌が侵入したときのほかに、消化に悪い食べ物を摂取した場合にも起こります。

腸内細菌の代謝産物や免疫系の物質が、腸内から腸管細胞に入り込み、血液に入ったり神経を刺激したりする疾患を、**「腸漏《も》れ症候群」（リーキーガット症候群）**と呼び、昨今注目されています。

私たちは、頭が痛い、心臓が苦しいと感じたとき、まさかその原因が腸にあるとは考えもしません。不安やうつ症状といった心の問題であれば、なおさらでしょう。

しかし、最近はこれが問題とされているのです。過敏性腸症候群などは強度の不安、うつ、孤独感と結びついています。**腸内細菌が関係しているにもかかわらず、直接、腸に関わるような腹痛や下痢などの症状がないことがある**――このことに気づかないと、私たちは適切な治療が受けられないのです。

# 腸内細菌が「心の病」の治療を変える

ロバート・デ・ニーロが主演した、『レナードの朝』（1990年公開）という映画をご存じでしょうか？

これは1973年に刊行された、神経学者オリバー・サックスのノンフィクション『レナードの朝』を映画化したものです。マルコム・セイヤー医師（映画での名）と、その患者であるレナードのエピソードを題材にした映画です。

人付き合いが極端に苦手で、研究を専門にしていたセイヤー医師が、パーキンソン病の患者たちが入院している病院に赴任します。やがて彼は患者たちに反射神経が残っていることに気づき、ボールや音楽を使った訓練で、皆の生気を取り戻すことに成功します。

そしてセイヤー医師は、最も重度のパーキンソン病を患っていたレナードに対し、未承認だった「L－ドパ」という物質の薬の使用許可を申請しました。

これは脳内で分泌されるドーパミンの「前段階物質」として知られるものです。投与後、成果がなかなか現れなかったのですが、ついにある夜、レナードは自力でベッドから起き上がり、セイヤーと言葉を交わします。その後レナードは町に出て、あらゆるものに感動します。なにしろ30年ぶりですから。そしてレナードとセイヤー医師は、患者と医師との関係を超えた友情を育みます。

しかし、次第に「Lードパ」は効かなくなり、あれだけはっきりした自我を持っていたレナードは、次第に元の無反応な状態に戻ってしまいます。彼らの交流は、ほんの短い間だけの奇跡となってしまいました。

先に「愛情ホルモン」として知られる「オキシトシン」について紹介しました。脳の視床下部で産生され、下垂体から血液に分泌されるホルモンです。

サルにオキシトシンを与えると、毛づくろいをするなど仲間と仲よくなる傾向が出てきます。また、イヌやネコでも、近づいた仲間をなめたり、じゃれたりします。

そこで、レナードの実例と同じように、自閉スペクトラム症の人に対して、オキシトシンを鼻腔から脳に噴霧し（経鼻オキシトシン・スプレー）、治療しようという試みがなされたことがあるのです。しかし、レナードと同様、治療はうまくいきませんでした。

**現在、ドーパミンもオキシトシンも、腸内細菌の刺激で産生されることがわかっています。**どんな薬を使ってもうまくいかなかった治療が、今後は、腸内細菌を移植することで簡単に克服できる可能性があります。これが実現したら、精神医療にとって、かなり画期的なことになるでしょう。

本章では心の病を患った方々について述べてきましたが、「孤独感」と立ち向かう私たちは、彼らよりもずっと軽度な段階にあるのは事実でしょう。

そして**自分の体内に理想的な腸内細菌叢を作りだすことは、特別な医療や治療を受けなくても、日々の食事に気をつけるだけで十分に可能**なのです。

では、どんな食事を心がければいいのか？　次章で詳しく見ていきましょう。

## 4章まとめ ● 価値ある気づきとハツラツ人生の智慧

●腸内細菌叢を改善すれば、がん治療や自閉スペクトラム症、パーキンソン病といった難病の治療に有効な可能性が高いと、世界が注目している。

●ヒトの腸内には約100兆個もの腸内細菌がいる。その細菌は、①神経系、②免疫系、③ホルモン系、④血液を通して、脳にホルモン産生を促すなど、さまざまな作用を及ぼしている。

●腸内細菌叢の状態は、孤独感や愛情といった人の気分にも影響することが判明している。さらに、腸内細菌を置き換えると、気分を変えることができることも判明している。

●脳腸相関とは、腸は、脳で起こっている現象に深く関わっていることを表す言葉。頭や心臓の痛み、不安やうつといった心の症状にも、腸が関係している可能性がある。

●健康な状態のとき、脳と腸はまったく相関がないように振る舞っている。しかしどちらかに不具合が起こると、もう一方が不調になるという相関関係がある。

例：脳へのストレス⬇腹痛や急な下痢が起こるが、その原因は腸ではなく脳にある。

例：腸内細菌の悪玉菌の増加⬇イラつきや不安感などが起こるが、その原因は性格や気の持ち方ではなく、腸にある。よって、孤独感が強いときは、考え方や気持ちを変えようとするより、食べ物で腸内環境を改善するほうが、気分がよくなる近道である可能性が高い。

# 5章

# この食べ物で孤独感が消えた！

……食習慣を変えたら気力充実、ルンルンに！

# なぜ、淋しい人は太るのか？

淋しさを解消するのに、最も手っ取り早くて簡単な科学的根拠のある方法は、なんだと思いますか？　皆さんの中にも、知らず知らずのうちにこれをやっている人は、多くいるでしょう。

**答えは、「テレビを観ながら、ポテトチップスなどを食べること」です。**

スナック菓子などに含まれる糖分や、あごをリズミカルに動かす咀嚼《そしゃく》運動は、脳に快感を作りだします。さらには、食べ物を口に運ぶとか、番組を観るという行動には、**「自分にはやることがある」という意識**を生みだします。

アルコールに溺れるのも同じような理屈が働くからであり、本当に空腹だから「食べたい」とか「飲みたい」というわけではありません。

要は、もてあましている暇な時間を、**「自分にはやることがある」「食べ物を咀嚼して栄養素をとっている」といった満足感で満たしたいがために、そうした行為を繰り**

**返してしまう**のです。そして最終的には、「太る」「アルコール中毒になる」など、残念なことになりがちです。

**私たちが高齢になって孤独感に悩まされるのも、「時間をもてあますようになること」が大きな原因としてあります。**

若いころは、私たちは孤独な状態を何度も体験しています。でも孤独な状況であったとしても、仕事や勉強、家の用事、趣味や遊びなど、「すること」がたくさんあって、意識はそれらに向かうので、孤独を意識することはほとんどありませんでした。

しかし年を取れば「すること」も少なくなり、体の動きが悪くなり、目や耳などの感覚器官も衰えてきます。すると、「何も行動しない時間」がどうしても増えます。その結果、「考える時間」ばかりになっていきます。

そして、**「考える時間」が増えれば、たいていの人は、過去の失敗や人間関係の過ちを悔やみ、不満や辛いことばかり頭の中で反芻《はんすう》してしまうのです**。それこそが「孤独感の正体」です。

だからこそ、達磨《だるま》大師から数えて6代目の中国禅宗の六祖慧能《ろくそえのう》という僧は、**「不思《ふし》善《ぜん》、不思悪《ふしあく》こそ悟りの本質だ」**と述べたのです。

これは、悟りのためには「いいこと」も「悪いこと」も、思ってはいけないという意味です。

「なぜ？〝いいこと〟ならば、思ってもいいのでは？」と言いたくなるかもしれませんが、「いいこと」を思えば、必ず、「悪いこと」も関連づけて想起されるもの。だから慧能禅師《ぜんじ》は、両方とも禁じたわけです。

日本では、江戸時代の名僧、白隠《はくいん》禅師の法祖父にあたる至道無難《しどうむなん》禅師は、**「もの思わざるは、仏の稽古なり」**とおっしゃいました。「何も考えないようにするのが、仏の心を持つ稽古（修行）だ」ということです。

また、赤穂《あこう》事件（『忠臣蔵』の演目で有名）の中心人物の大石良雄《おおいしよしお》の師とされる盤《ばん》珪《けい》禅師は、「記憶こそ苦のもとなり」とおっしゃっています。

結局のところ、**ものを思うこと、過去を思い出す時間が、孤独感を作りだす**わけです。

## 食べ物を薬とせよ
## ――ヒポクラテスの真実の言葉

人間は、暇な時間があると、どうしても頭の中で孤独感を増すような思考を繰り返してしまいがちです。そして、「食べる」という行為は、それを解消する効果があるということです。

私たちも生物である以上、食べることで、最も基本的な幸福感を得られるわけです。

そう、**「私は何かを食べている」という実感を得るだけで、人は幸福になれます。いえ、今食べていなくても、食べ物を得るための行動、たとえば調理や食料の買い出し、さらには狩猟や耕作などをしていれば、思い悩むことはありません。**

逆に、何も食べてもいないし、「食料を得るための行動も起こしていない状況」を、人は一番、恐れるわけです。

でも、手軽に食べ物が手に入るようになった現代では、暇をもてあまして孤独感を覚えるたびに、ムシャムシャと食べているようでは、やはり健康を害してしまいます。私も子供のころからの大のおせんべい好きなので、うっかりするとすぐに何枚も食べてしまいます。

そこで大切になってくるのは、「食べ物」と「食べ方」です。

**紀元前5世紀から4世紀のギリシャの医学者、ヒポクラテスは、「食べ物を薬とせよ、薬を食べ物とせよ」という教えを説きました。**これは今までに、さまざまな研究結果でも示唆されており、現代でも「正しい食べ物を選ぶこと」は、健康な消化管を維持するうえで最も大切なこととされています。

**私たちは、特により多くの野菜や果物を食べ、肉食を減らすべきです。**

**その教えは、古代ギリシャの時代からあったのです。**それなのに、肉の成分のトリプトファンからセロトニンという物質ができ、「それが多くなると元気になる」という説が提唱されると、「肉は人を元気にする食べ物」として推奨されるようになります。

肉を食べ、日光を浴び、ゆっくり呼吸をすると脳内のセロトニンが増え、うつを防ぎ、不安感のない脳を維持できるとされたのです。

20世紀の終わりごろには、「うつ病患者の脳脊髄液を採取すると、その中のセロトニンの量と、セロトニンの分解産物の5－HIAA（5－ハイドロキシインドール酢酸）が減っている」という報告がなされました。すると、セロトニンを増やす肉を食べることは、うつの予防や治療に効果的ということになります。

ところが最近の研究では、**「うつ病の患者の脳のセロトニンは、減っていないどころか、増えている」という事実が明らかになった**のです。だから、**いくら肉を食べたところで、うつの進行が抑えられることはありません。**

また、肉がうつの原因になるかどうかは、まだわかってはいません。しかし、食事と心臓病、糖尿病、寿命などの関係を調べた世界中のデータを見れば、どうしても**「できるだけ赤身の肉は食べないほうがよい」**という結論を出さざるを得ないのです。

肉をあまり食べない習慣を維持する人々のほうが、心臓病や糖尿病の罹患率は明らかに少なくなります。肉食の割合が少ない国民のほうが平均寿命も長くなっています。魚食の割合が多い日本人は、長生きの典型です。

野菜や果物には、活性酸素から身を守る抗酸化物質のポリフェノールが含まれていることはよく知られています。酸化とは、金属でいうところの「さび」であり、「老化は酸化」ともいわれるほど、体の細胞を衰えさせる要素です。細胞が老化すると、がんに罹りやすくなりますが、ポリフェノールは、これを防ぐということです。

ここまでは皆さんもご存じかもしれませんが、実は**このポリフェノールにおいても、腸内細菌が健全でないと、ちゃんと抗酸化の作用が行なわれない**ことが明らかになっています。

腸内細菌の影響力恐るべし、ですね。

## これが「薬にもなる」体にいい食事

では、「よい食事」とは、どんなものでしょうか。

日本でも最近、肉食が多くなりましたが、それでも魚をよく食べる日本食は、日本人の平均余命が長いことにより、世界的に評価されています。また、**味噌や納豆など**

**の発酵食品は、いい腸内細菌を体に育てるのに非常に効果的な食品**です。

日本食のほかには、イタリアやギリシャなど地中海沿岸の、オリーブ油やナッツ、魚、果物などを主とした食事、いわゆる「地中海食」が健康食として世界的に有名です。

地中海食もヨーグルトやチーズなどの発酵食品が多く、そしてまた野菜や果物に加え、ワインが主体になっていることが特徴です。

日本ではあまり知られていませんが、ヨーロッパ北部にあるスカンディナビア半島の人たちは、長く寒い冬を乗り切るために、あらゆる麦からの繊維、果実、ナッツ、魚、カモ肉など、当地の人々の腸内細菌に適した食物を摂取しています。カモの肉は脂肪分が少ないとされます。

## 「脳と腸と食べ物」は、影響し合う

食べ物は、栄養素によって健康な体を維持しているほか、**腸内細菌を介して、心の健康の維持にも役立っている**ことがわかってきました。ですから、食べ物のメリットを「栄養素の摂取」という面だけから説明する考え方は、もう古いのです。

人は、自分の消化液の中にある酵素だけでは、食物繊維を分解できません。以前は、分解されない繊維が腸管を刺激して腸の蠕動《ぜんどう》運動を高め、便秘を防ぐなどといわれていましたが、今では、**腸内細菌が食物繊維を分解してくれる**ことがわかっています。

腸内細菌は、食物繊維を分解して餌《えさ》にしているのです。そしてまた食物繊維は、腸内で小枝のように折り重なって、**菌が繁殖する温床《おんしょう》を提供し、有益な腸内細菌を増やす**ことも新たに判明しています。

ちなみに、肉に含まれる筋肉繊維は、食物繊維とはまったく違うものです。だから肉を食べる際には、野菜、果物、豆類など、食物繊維を多く含む食材も併せて食べることをおすすめします。

タンパク質をとると、(一時的にですが)元気になることがありますが、その理由は、これまでは「肉に含まれる成分が脳を刺激するからだ」とされてきました。

しかし、この考えには腸内細菌の存在が欠落しています。もし、肉さえ摂取すれば元気になるというなら、野菜がほとんど入っていないファストフードのハンバーガー

## 「地中海食」の食材バランス

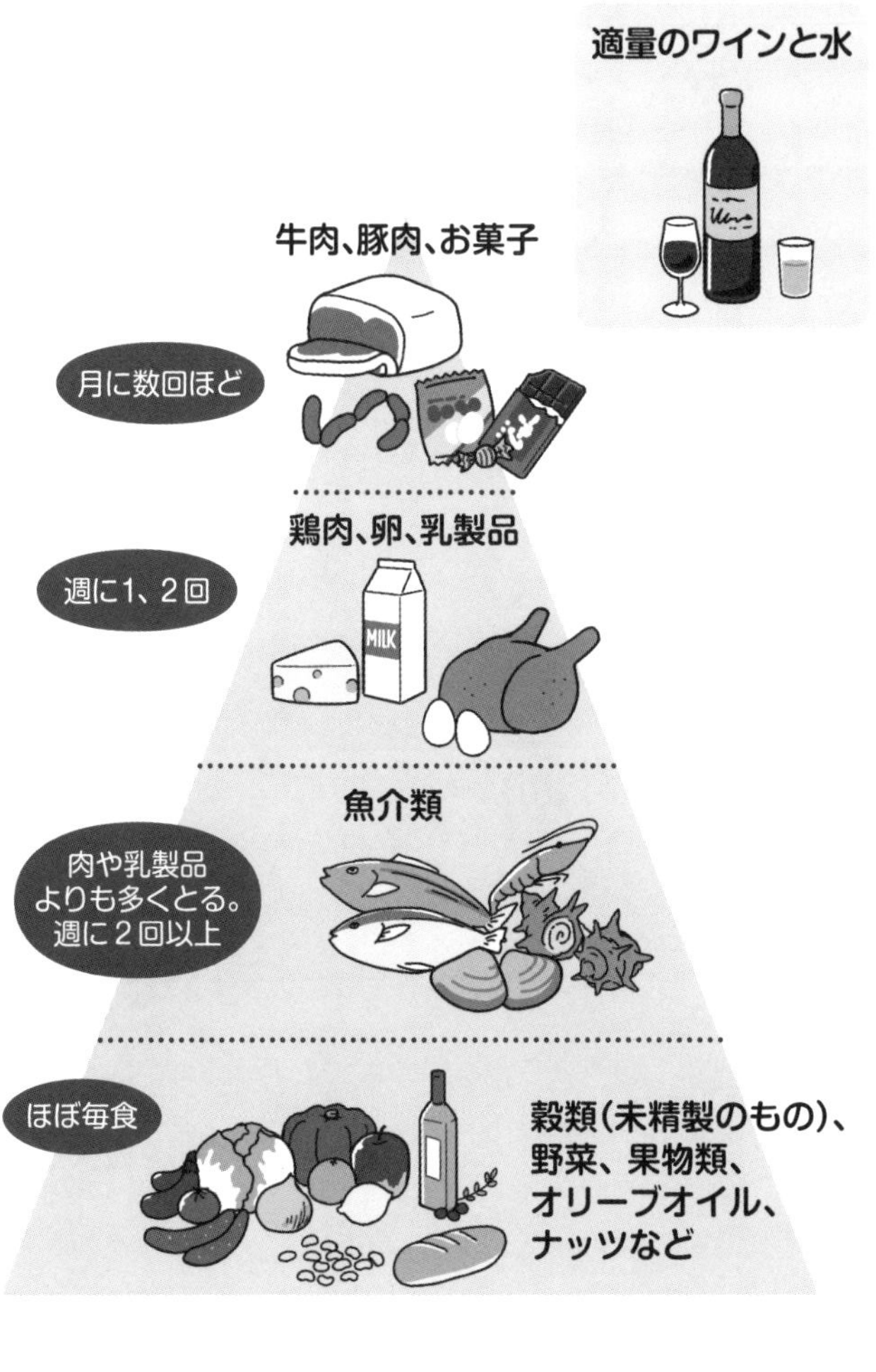

が、最適な食事ということになるでしょう。でも、実際には、ハンバーガー類を多食している欧米では心臓病、肥満などが多いうえに、不安症やうつ病までも増えています。これは、タンパク質を摂取するだけでは、心の病の予防にはならないことを意味しているように思います。

健康な脳は、人間の行動を正常にし、環境が変わって人間関係が希薄になったとしても、私たちのメンタルを健やかに保つよう働いてくれます。そして、脳が健常であれば腸も健常となり、腸内の免疫細胞とその活動も正常に働くのです。

## 「白い小麦粉」と「ジュース」の発明が、病に弱い人間を作った

1800年代、世界の食品加工メーカーは、小麦や大麦などを精製して粉末にする方法を考案しました。そう、「白い小麦粉」の登場です。

小麦を、小麦の外皮を壊して取り除いて粉砕する。すると、小麦は非常に微細な粒

子となり、調理しやすくなります。この白く精製された小麦粉は、商業的に大成功を収めました。これでパンを作ると、やわらかく食感がよくなり、よく膨らんで普通の小麦粉で作ったパンの2倍の大きさになったからです。

同じようなことは、果物にも行なわれました。多くの飲料メーカーが製造する果物ジュースは、果物の外皮を取り除いています。その結果、ジュースは非常に飲みやすい液体になりました。

このような「精製された食品」の問題点は、腸内細菌のことをまったく考えなかったことです。

小麦や果物の精製によって排除されたのは、食物繊維でした。**食物繊維は、よい腸内細菌を増やすのに、絶対に必要なものです。**

最初は、「食べやすい」とか「効率的だ」として始まった食品の加工は、結果的に腸内細菌に悪影響を与え、多くの人の健康を損なうことになります。それは、私たち消費者にも責任がありました。私たちは、食べやすく加工された食べ物が病気を増やすことを知らなかったのです。

**これによって増えたのは、腸の炎症疾患です。**過敏性腸症候群、潰瘍《かいよう》性大腸炎、クローン病などです。

**しかも食物繊維には、人間にとって貴重なビタミンを作る働きもあります。**

「ビタミンなんてサプリメントで摂取すればいい」と考える人はいるでしょう。しかし、口から取り込んだビタミンは、腸内で分解されてしまって、あまり効果がないことも知られています。

その一方で腸内細菌は、食物繊維を利用して効率よくビタミンを作りだします。

食物繊維は酸や酵素によって分解され、大腸に到達します。そして大腸の中の腸内細菌が、まだ分解されていない繊維を一部分解し、ビタミンや抗酸化物質を作るのです。

このことからいえるのは、**精製された小麦粉で作ったパンやパスタではなく、全粒粉のパンやパスタを食べなさい、白米よりも玄米を食べなさい**、ということです。ジュースも、果物の皮を取り除いたものより、皮ごと擂《す》ったスムージーにするか、果物を丸ごと食べることが思いのほか重要なのです。

# 「良質な糖質であるお米」は、体にも心にも効く

食物繊維については、多くの誤解があります。そもそも「繊維」というのは「糖」がつながったもので、腸管の酵素、酸などで分解できない物質です。この繊維は大腸まで届いて腸内細菌で分解されると、栄養素となります。

糖というと、すぐに砂糖を思い浮かべるかも知れませんが、砂糖（主成分はショ糖）も多くの糖のうちの一種にすぎず、ブドウ糖と果糖がつながったもので「二糖類」と呼ばれます。

ブドウ糖、果糖、ガラクトースなどの単糖が10個以上結合して長い糖の鎖ができたものを「多糖類」と呼びます。デンプンやセルロースなどです（また、糖鎖がタンパク質や脂質に結合したものが「複合糖類」です）。

さて2、3個から10個ほどの単糖がついたものが「オリゴ糖」（少糖類）です。果糖から始まるオリゴ糖をフラクト・オリゴ糖（FOS）、ガラクトースから始まる糖を

ガラクト・オリゴ糖（GOS）といいます。これらはすべて食物繊維が分解されてできるものですが、重要なサイコバイオティクスの可能性もあるのです。

最近の研究で、GOSとかFOSを与えたマウスは不安になることが少なく、認知機能が増し、ストレス反応も減ることがわかってきました。腸内細菌は乳糖をほかの二糖類に結合させて、GOSを作ります。GOSを作る腸内細菌が、ビフィズス菌と呼ばれるものです。

そして、GOSやFOSを使った研究が、盛んに行なわれるようになりました。

2013年のミシガン大学の研究では、45人の肥満者にGOSを与えたところ、腸内細菌を増やし、腸の炎症を軽減したということです。

2015年のオックスフォード大学の研究では、GOSもFOSもストレスを軽減し、不安を減らしました。その程度はSSRI（選択的セロトニン再取り込み阻害薬）のような抗うつ剤と同じ程度だったということです。

**これらの結果は、腸内細菌によって作られるGOSが、そのまま腸内細菌を活性化**

**させる基（プレバイオティクス）ともなり、これが抗うつ薬と同じくらい不安を減らす作用があることを意味します。**しかも薬のような副作用もほとんどありません。

お米などの穀物に代表される高繊維食は、まさにGOSの材料となる、自然のプレバイオティクスです。特に多糖類を含む繊維を腸内細菌は好むので、**良質な糖分であるお米は、サプリメントなどよりもずっと、体にも心にも効くものだと知っておいてください。**玄米なら、糖質制限として控える必要などまったくないと私は思っています。

## 世界のうまい「発酵食品」で、超快適な腸内環境に！

次に、発酵食について見てみましょう。

食料保存方法として乾燥や燻製《くんせい》と並び多く用いられるのが、「発酵」です。

**発酵食品を食べると、いい腸内細菌が増えます。**それがわかっているから、冷蔵庫が普及し、わざわざ食べ物を発酵させて保存しなくてもよくなったにもかかわらず、人々は伝統の発酵食を捨てていません（おいしいから、ということもありますね）。

私はアメリカにいたときも、だいこん、きゅうり、はくさいなどを瓶《びん》に詰め、少しの砂糖と醤油、みりんを加えて蓋《ふた》をし、数カ月漬けてから食べていました。いわゆる**ピクルス**ですが、こうして食べると有害微生物を殺し、ラクトバチルスのような有益な腸内細菌を増やします。

世界中、おそらくすべての民族には、独自の発酵法を用いた伝統的料理があるはずです。日本の**味噌**、**醤油**、**納豆**などはお馴染みですね。意外にも、**チョコレート**や**コーヒー**も発酵食品の一種です。キャベツを発酵したものが**ザワークラウト**で、**キムチ**も発酵食品です。

これらの発酵食品には、ビタミンC、ビタミンB、ビタミンKなどの栄養素を作りだす細菌が豊富に含まれています。特にザワークラウトには、善玉菌の代表であるラクトバチルス菌が多く含まれています。

19世紀の科学者、ルイ・パスツールは、生きている微生物が発酵の主、すなわち発酵を促す源《みなもと》だと示しました。また、小麦は3万年も前からパンとして食べられていましたが、当時は発酵させることなく焼いていたため、クラッカーのように固く食べにくいものでした。これがパスツールの発見により、イースト菌を用いた発酵技術につながり、現在のように、ふんわりとしたやわらかいパンができたのです。

パスツールは、ワインの発酵技術も開発しています。ワインにとってよい細菌を選別し、発酵のための適切な時間や温度なども明らかにしています。

もう一つ、**ヨーグルト**も忘れてはなりません。この食品は、「最高のサイコバイオティクス」とされています。

ヨーグルトの出発点は、牛乳です。牛乳は加工を経て、ヨーグルト、バター、チーズなどいろいろな食品になります。

その昔、人々は、古くなって発酵した牛乳を飲んでみました。すると、飲んだ直後は酔っぱらったようになりますが、酔いがさめると気分がよくなり、元気になったと感じたのです。これがあらゆる部族で繰り返された結果、牛乳を発酵した食品としてのヨーグルトができあがりました。

ヨーグルトは数千年にわたり、「健康によい」とされてきました。

それは本当に正しいのか？　この課題に真剣に取り組んだのが、免疫系の研究、あるいは加齢と細菌の研究で1908年にノーベル生理学・医学賞を受賞したロシアのイリヤ・メチニコフです。

彼は、かなりの高齢にもかかわらず、いたって健康なブルガリアの農民に会い、「ヨーグルトを飲んでいる」という食習慣に注目し、研究を始めました。そして彼自身もヨーグルトの熱烈な信者になったそうです。

ヨーグルトのほか**チーズ**や**バター**など、牛乳（牛以外の動物の乳もある）の発酵食品は、ラクトバチルス菌やビフィズス菌などのサイコバイオティクス微生物の産物です。

ラクトバチルス菌は乳糖を食べ、乳酸を作ります。それでヨーグルトは酸っぱい味がするのです。ただ、ヨーグルトには、そうした有用な菌ばかりではなく、生きた細菌も入っているので、とりすぎには注意が必要です。

## 長寿社会の「健康食品ピラミッド」

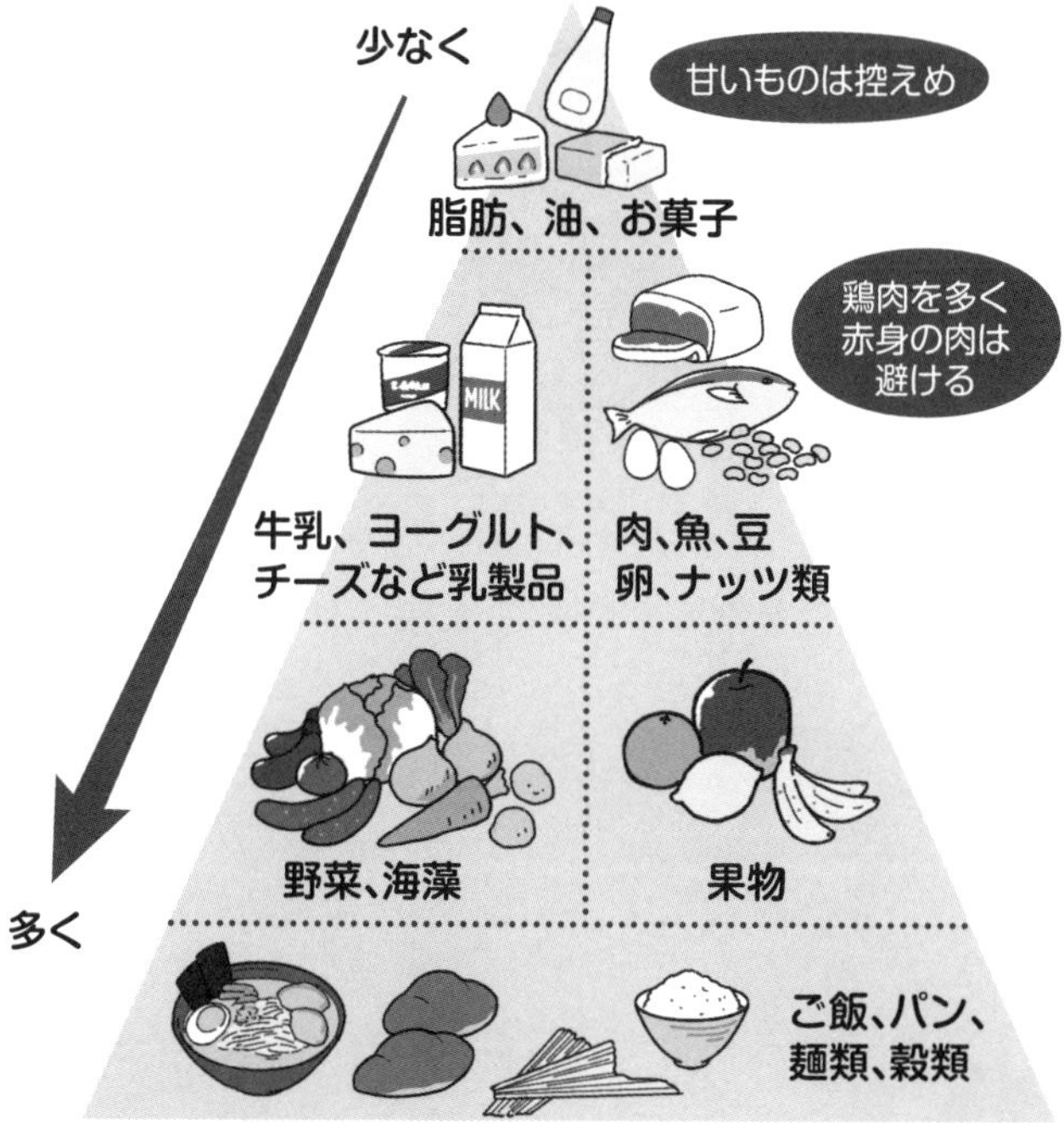


**・何をどのくらい食べるか**

どのような食べ物を摂取している人が健康で長生きか、さまざまな国や地方で統計を取った調査の結果作成されたのが、この「健康食品ピラミッド」。

お米のごはん、パン、そばなどを多く食べる人は長生きなので、「たくさん食べなさい」ということでピラミッドの下辺に。一方、脂肪や砂糖などは、多く摂取すると健康によくないので、ピラミッドの上辺に置かれている。

このピラミッドは「あらゆる国で普遍的に成り立つ」とされる。

## 「心の健康」に、どの食べ物を避ければいいのか？

165ページの図は、長寿社会の人たちの食べ物の統計に基づいた「健康食品ピラミッド」です。

疲れたときに甘いものを食べると元気が出るのは確かです。その理由は、脳がブドウ糖を必要とし、甘いものの原料の砂糖が、ブドウ糖と果糖からなる二糖類だからだと説明されています。さらに快感中枢（報酬系）の側坐核《そくざかく》を刺激して、喜びを感じさせる効果もあるからでしょう。

**しかし統計的に見ると、世の多くの人は、甘いものをとりすぎており、そのせいで肥満になり、余命が短くなってしまっています。**

牛肉などの赤身の肉も、同様の結果をもたらしています。食べれば確かにおいしいし、元気になります。ところが**「赤身の肉を多く摂取する人は心臓病、糖尿病などになりやすい」**こともわかってきたのです。現在は「赤身の肉は控えめに」、そして「砂糖を控えなさい」というのが、寿命を研究している人たちの大半の意見になっています。

肥満については、BMI(Body Mass Index)で算出した数値が、18・5から25未満が正常とされます(WHOの基準)。一時は、「BMI25〜30くらいの小太り」が一番健康であるとされていたのですが、現在では、**やはりBMI25未満の普通体重の人が一番長寿**となっています。

このように健康に関する認識が変わったのは、腸内細菌に関する研究が進んだことが大きな理由です。今では、人が孤独感を覚えるとき、腸内細菌がどのような状態になるのかもわかっています。

ただ、私たちはこれらの研究成果を根拠として、孤独感に克《か》つために「腸内細菌の○○を増やそう」と考えるのではなく、「年を取っても人々がイキイキしている社会のライフスタイルを真似る」という意識でいるほうが、無理なく実践できるでしょう。

そのためには、理想の社会と同じような腸内細菌叢が体内で作られるよう、私たちが普段の生活で「体にいいもの」を食べていくことが大事です。

それには地中海食もいいのですが、何より私たちの培ってきた**伝統的な日本食こそが、手本**なのです。生まれ育った文化の素晴らしさを見直し、和食で無用な孤独感を抱かない体を作っていきたいものです。

## 昔より、「高齢者の性格が悪くなった」のは本当か？

「最近の高齢者は、昔の高齢者とは変わってしまった」と耳にすることが増えています。

昔は温厚な老人が多かったのに、今は、家族や社会のやることなすこと、すべてに非常に批判的で攻撃的な老人が多い。そのために子供や孫が寄りつかなくなっている、などとも聞きます。

確かに私も、定年後に同級生や昔の同僚、知り合いに再会したとき、「昔はあんなことを言う人ではなかったのに！」と、驚くことがよくありました。

若いころは、女性問題を起こすことなどまったくなかった誠実で真面目な人が、高齢になってから異性に異常なほどの関心を示し、周囲を驚かせたこともあります。

この問題は、NHKの番組でも特集として取り上げられました。連れ合いを亡くした人のほか、妻帯者にも見られる傾向のようです。加齢とともに怒りっぽく批判的になる夫と妻が疎遠になり、夫婦関係がなくなってしまうケースも多いとのことでした。

高齢者が批判的になったことで起きてしまった、と思われる事件もあります。80代の両親の近くに住む50代の息子が、「お金を借りたい」と父親に頼みました。父親は「お前の生き方はなんだ、そんなことをしているから、誰も相手にしないんだ！」と、日ごろの不満をぶちまけます。その言葉にカッときた息子は、両親を刺し殺してしまいました。

こうした事件が起きると、近所の人はたいてい、「仲のいい親子だと思っていました」とか、「自慢の息子さんだったらしいですよ。驚きました」などと驚きを露わにします。怒りを爆発させて親を殺害してしまった息子に大きな問題があることは明らかですが、その原因は息子だけにあるのではなく、普段、めったに近づいてこない息子に強い不満を持っていた高齢の親にもあるのです。

# 高齢者の性格を変えた意外な原因

では、怒りっぽくなる高齢者の性格、感情、考え方の変化に、食べ物は関係していないでしょうか？

いいえ、私は大いに関係があると思っています。

高齢になると、たいてい、「歯」に問題が起きます。歯槽膿漏《しそうのうろう》で歯茎がダメになり、歯を失うことになる人は多くいます。私も、下の前歯がグラグラしはじめたときにリンゴをかじったら、その瞬間、その歯が折れてポーンと飛んでいってしまいました。そこで差し歯にしたのですが、長持ちしません。結局、「まあこれでも生活するのに不自由はない」ということで抜けたままにし、ほかの歯を守るようにしています。笑ったときだけは、少々気になりますが……。

**歯が弱ると、「固いもの」を食べなくなります。するとどうなるかというと、食物繊維が不足します。**固い野菜ほど、食物繊維を多く含むからです。特に生のだいこんやにんじんは、たとえ細い千切りにしてあっても食べにくい。

さらに味覚が鈍感になるので、濃い味でないとおいしさを感じなくなります。サラダによく使うトマトやレタスなどの淡白な野菜は、ほとんど味を感じません。だから料理をする高齢者であれば、野菜はよく煮込み、やわらかくして食べることを好みます。

また、高齢になるにつれ、嚥下《えんげ》機能も弱まります。ものが飲み込みにくくなります。どのくらい飲み込みにくくなるかというと、「若大将シリーズ」で有名な元歌手の加山雄三さんの例があります。加山さんは、スポーツ万能で体力もあり、大きなヨットで航海することを何よりも楽しんでいました。

ところが、バンドの練習をしている最中に、のどが渇いて水を飲んだら、むせて倒れてしまったのです。救急搬送されて検査したところ、小脳出血を起こしていました。その後、言葉の発声練習をするなどのリハビリを重ね、ステージへの復帰も果たしましたが、最近、ついに歌手としての活動から引退されました。

つまり、あれほどの運動神経を持ち、普段からよく歌い、のどを鍛えている人であっても、年を取ると水を飲むことさえ覚束《おぼつか》ない状態になるということです。

左の表は、高齢者が食べにくい食材をまとめたものです。この中で第一にあげているのが、食物繊維の多い食べ物です。

しかし、**食べにくくても繊維を取り除かずにそのまま食べれば、大腸にまで入っていって腸内細菌に分解され、サイコバイオティクスとして体内に定着していく**のです。

定着したあとは、「よい腸内細菌」として有害な腸内細菌を殺す物質を出したり、脳を活性化する物質を出したりします。脳活性化物質と呼ばれるこれらの物質は、脳を刺激し、感情の高ぶりを抑えたり、不安感やうつの状態を軽減したりします。

食物繊維は、腸にとっても脳にとってもよいものですが、高齢者の腸内には、よい腸内細菌も少ないし、それを増やす食物繊維の摂取量も少なくなってしまっています。

だから、今、世の中で高齢者のさまざまな問題が起こっているのは、高齢者の腸内**細菌と食物繊維の問題がからんでいる**ように思えてなりません。

## 高齢者が食べにくい食材

- **繊維が多く固いもの**
  ごぼう、たけのこ、れんこん、いか、たこ、肉など

- **粘りや弾力が強いもの**
  もち、スパゲッティ、かまぼこ、こんにゃく、しいたけなど

- **水分が少ないもの**
  トースト、せんべい、ゆで卵、かぼちゃなど

- **口の奥で形がつぶれるもの**
  豆腐など

- **上あごに張りついて取れにくいもの**
  焼きのり、わかめ、最中《もなか》の皮、ウエハースなど

- **粉っぽいもの**
  おから、きな粉や粉砂糖をまぶした菓子など

- **口の中でバラバラになり、まとまりにくいもの**
  チャーハン、味噌汁、そぼろ肉、野菜のみじん切りなど

- **酸味が強すぎるもの**
  柑橘類、酢醤油、酢の物など

- **のどの通りがよすぎるもの**
  なめこ、汁物、水など

- **すすりあげるもの**
  麺類、ところてんなど

# 学問よりも、まずは孤独に強くなる食事でハッピーへの基礎固め

**食べ物が変化すると、人の性格、行動、考え方が変わります。それによって人間関係が変われば、人生で起こることも変わりはじめます。**

私の知り合いの内科医に聞いた話です。彼の患者さんに、ある宗教家として有名な学者がいたそうです。素晴らしい人格者で、多くの人から尊敬されていました。

ところが、年を取るにつれ、彼は別人のように怒りっぽくわがままになっていき、ついには、家族にも恐れられるようになってしまったそうです。

その過程を長年見てきたその知り合いの内科医は、「あんなに、学問にも宗教にも熱心だった人なのに……。学問も宗教も、老化に対してはまるで役に立たないことを見せられて悲しかった」と言っていたのが印象的でした。

腸内細菌は、脳に、そして性格に影響します。もちろん、この学者の変化が、食物繊維の摂取量が低下したことによる影響かどうかはわかりません。しかし食事が変わることによって、性格に劇的な変化が起こるケースはよくあるのです。

たとえば、高齢者が、高齢者の健康によいとされる食事を提供してくれる介護施設に入って、日々の食事が変わった場合などによく起こります。

そんな施設に、私の知り合いが入りました。彼は、昔は本をよく執筆していたのですが、高齢になって本が出せなくなってから、不安症がひどくなりました。始終イライラし、気に入らないことがあれば恐ろしい表情で怒るので、だんだん誰も近づかなくなっていきました。

**ところがその介護施設に入り、食べやすく工夫された食事をとるなど、健康に配慮した生活を送るようになると、次第に落ち着いてきたのです。**彼が言うには、「環境が変わって、だんだんと昔のように心に余裕のある日常生活が送れるようになった」とのことです。

こうした例を見ていると、ヒポクラテスの**「食を薬とせよ、薬を食とせよ」**という言葉の重みがわかってきます。

高齢になると、歯が悪くなったり、食べ物が飲み込みにくくなったりするので、一人で生活していると、知らず知らずのうちに食べやすいものばかりを食べて偏食になりがちです。のどごしのいい蕎麦《そば》ばかり、手軽に食べられるバナナや加工食品ばかりなど……。

栄養が足りなければ、「サプリメントで補えばいい」と思っている方が多いのですが、サプリメントでは十分な腸内細菌は補えないのです。

また、生きて腸に届くと謳《うた》っているヨーグルトを食べたり、善玉菌入りの健康食品をとったりすればいいじゃないか、と考える人もいますが、実は腸内細菌は、毎日便として排出されます。その排出された分は、食事だけで補うことは不可能です。**食事からとるとともに、腸内で腸内細菌を増やしていかなければ、減る量のほうが多くなってしまいます。**

食べ物として**口から摂取して、なおかつ、自分の腸内でも菌を増やして、はじめてバランスが保たれる**のです。

## 食物繊維、上手な食べ方のコツ

これほどまでに重要な腸内細菌を増やすために絶対に必要なもの、それが野菜や穀物に含まれる食物繊維です。

でも、どうやったら、食物繊維は効率よく摂取できるのでしょう？

重要なのは、煮炊きをして食べやすくした食物繊維は、もはや自然のまま存在する食物繊維と同じではない、ということです。

**もちろん加熱調理した野菜でも、食べないよりはずっといいのですが、昔の人はさつまいもやだいこんを生でかじっていました。あるいは、漬け物にして生で食べていました。**消化しにくいものほど腸に到達してから、腸内細菌の格好の餌になります。

また、**生野菜から摂取した食物繊維は、いい腸内細菌が繁殖するための棲《す》み処《か》にもなる**ことが、新しくわかってきました。腸内細菌は、腸壁にびっしりお花畑のように、種類ごとに群生しています。そして、腸壁に隙間がなければ、それ以上、腸内細菌は増えようがありません。しかし、新鮮な食物繊維が腸内に入ってくると、それは腸内で積み重なって、あたかもキャンプファイヤーの炎を大きく燃え上がらせる小枝や薪《まき》の折り重なりのような、あるいは、しいたけ栽培の原木のような役割を果たし、新たな善玉の腸内細菌がたっぷりと繁殖する温床となっていたのです。**その作用こそ、人々にとっての健康の秘訣**だったわけです。

だからできるだけ、生のまま食べられるトマトやレタスのような食べやすい野菜を摂取したほうがいい。**新鮮な生野菜を食べることが、最も孤独に効く、メンタル強化法だと私は思っています。**

私自身は、一日3食、野菜中心の食事をするよう心がけています。生のきゅうりに、発酵食品の味噌をつけて食べる「**もろきゅう**」は、理想的な食べ物なので、毎日、欠かさず食べています。

**みかんのほろ**（実が入っている袋）や、**キャベツの芯**は、食物繊維の宝庫であり、胃で分解されずに大腸まで到達します。そして大腸の中で腸内細菌の餌になりますから、できるだけとるといいでしょう。

また、いくら食物繊維が豊富と謳われている商品でも、甘いものは、可能なかぎり控えること。加工食品ならパッケージの原材料の表示を見て、一番最初に砂糖などが表示されていれば、砂糖が一番多く使われているということなので、そうした商品を控えるのも知恵の一つです。

「過食」や「砂糖」は、孤独の即効薬になると同時に、麻薬と同じように、はまりやすい習慣性の食品です。誘惑に負けそうになる気持ちはわかりますが、食べすぎは心を乱しますし、最近、肥満はうつを引き起こすことでも注目されています。

世界の指導者たちを見ても、たいていは太っておらず、スリムです。長生きする人を見ても、やはり肥満ではない人が多いでしょう。

また逆に、いくら糖質をとらないほうがいいといっても、完全に排除してはいけません。以前に、ご飯や甘いものをまったく食べない糖質制限ダイエットなるものが大流行しましたが、完全に糖質をとらないという極端なことをしてはいけません。腸内細菌を刺激するくらいであれば、糖質は健康と生命維持のために必要なのです。毎日茶碗一杯ほどのご飯は食べましょう。

5章 まとめ ● 価値ある気づきとハツラツ人生の智慧

●やることがなく、時間をもてあますと思考する時間が増え、孤独感を抱くことになる。

●食べることで孤独感は癒やされるが、スナック菓子や甘いものを過食すれば、健康を害して孤独感を抱いて本末転倒になる。食べ物を薬とするには、何をどう食べるかが大切。

●赤身の肉を食べると心臓病や糖尿病の罹患率が上がることが世界中のデータから判明している。また、タンパク質を摂取するだけでは、心の病の予防にはならない。

●腸内細菌が健全でないと、ポリフェノールの抗酸化作用も十分に働かない。

●発酵食品と食物繊維は、いい腸内細菌を育てる。食物繊維は、加熱調理していない生の野菜や果物から摂取すると、なおよい。

●精製食品は、食物繊維が除去されているため、腸内環境が悪化し、病に弱くなる。

●腸内細菌が作るGOSは、抗うつ薬と同じくらい不安を減らす作用があると考えられる。お米は心身にいい影響があるので一日に1膳は食べたほうがよい。

# 6章

# 備えあれば憂いなし!? 人間関係の不意打ち

……いい付き合いが持続するコツ、プッツリ途絶える落とし穴

## 年を取ったら「ノスタルジア」なんて捨てちまえ！

中国禅の高僧、慧能は「不思善悪」という言葉を残したと148ページで紹介しました。その意味は、**「善も悪も、思うことをやめよ」**ということであり、つまりは、**「何も考えないこと」**を推奨しています。

この一見、とてもシンプルな言葉が禅で重要視されているのは、それだけ実行するのが難しいからです。

というのも、私たちは何かにつけ、「あのとき、なんであんなことをしちゃったんだろう」とか、「なんであんなヤツが……」などと、悪い方向にばかり考えてしまうものだからです。

また、悪いことを考えるのと同様、いいことを考えてもいけないという理由は、**年を取ってから「過去のよかったこと」を思い出せば、その分、現在の不満を強く覚えることになる**からです。

たとえば私が、大学の教授として、後輩たちを指導したことを思い出すとしましょう。それ自体は「いい思い出」なのですが、それを思い出せば、きっと「今は教え子も、私のことなんて忘れてしまって、なんの感謝もしていないのだろうな……」なんて、現状に不満を持ってしまいます。

本当は誰も、感謝を忘れてはいません。ただ、一人であれこれ考え込む時間が増える高齢者と違って、**若い現役世代の人々は日々忙しいから、先輩たちのことをしょっちゅう考えている余裕がないだけ**。実際、私たちだって若いときは同じだったはずなのに、年を取るとつい、そのことを忘れてしまうのです。

このような感覚の違いが、親子のすれ違いを起こしていることは、2章でも説明しました。親は、「こんなに一生懸命育てたのに、お前の言い分はなんだ!」と怒りだす。子供は、どうして親がそんなことで怒っているのか理解できない――しまいには逆ギレした子供が、親に暴力を振るってしまうことまで起こるわけです。

**問題は、年を取った人間の「ノスタルジア」(郷愁。過ぎ去った過去を懐かしむ思**

い）にあるような気がします。

時間があると、人は、「一番よかったあのころ」のことを思い出します。子供が「とてもいい子だったとき」とか、部下や後輩が「あんなに自分を慕ってくれていたとき」とか。

でも、そんな昔に想念が戻っているのは自分だけで、子供も部下や後輩も、現在の時間軸でものを考えています。次々といろいろな新しい情報が押し寄せてくる中、自分と同じ感覚で相手が物事を考えるわけがありません。

映画やドラマの世界では、親や恩師を変わらず慕う温かい物語もあるでしょう。

でも、**現実でそれを求めれば求めるだけ、そのギャップに孤独感を募らせることになる**のです。ノスタルジアは、自分の心の中にだけしかありません。高齢になったら、昔の思い出には期待しないほうが無難でしょう。

思い出は心の中にあるからこそ、美しいままで保存されている。美しいまま保存しようとするなら「不思善悪」で、いいことも悪いことも掘り起こさないのが一番なのです。

そういえば、中学の同級生に初恋の人がいましたが、もう87歳のお婆さんです。最近、母校の近くで偶然に会ったのですが、「会わなければよかったなぁ」と、心から思ったものです（笑）。

## 人は変わる。自分も相手も、昔とは「別人」

引退して時間のできた人の中に、「かつての仲間がもう一度集まれば、何かができるのではないか？」と考える人がときどきいます。

学生のころの友人を集めて皆で楽しもうとする、その気持ちはわからなくもないのですが、**昔と同じような付き合いを再開できるなんてことは、めったにありません。**

むしろ期待は裏切られることのほうが多いでしょう。離れていた時間が長ければ、お互いの関係性も変わっているからです。

4章と5章で、私たちの心にも影響している腸内細菌について説明したように、年を取れば脳はもちろん、腸の中の細菌だって変わっています。

だから遠い昔の友人たちが、当時と同じままである可能性は低い。趣味嗜好も、価値観も、考え方も、すべてが変わっていてもおかしくありません。

「お前とは、昔こんなことがあったな」と懐かしく話しかけても、向こうは自分とのその出来事はおろか、あなたの名前すら覚えていないことがあります。それを「仕方がない」と割り切ればいいのですが、ときには、「自分の存在なんて、その程度だったんだ」と、自信を喪失してしまう人もいます。

**相手が昔のことを覚えていないことなんて、よくある取るに足らないこと**なのですが、孤独感があると、そして、人は変わることもあると理解していないと、過剰に悪くとらえてしまうわけです。

## 戦場の友に会うな
## ——会うなら、心にこの予防線を

私が、人間関係の不意打ちを食らわないために信条としているのは、「**戦場の友に**

**会うな」**という言葉です。

アメリカの映画だったと思いますが、第二次世界大戦の際、ある戦場に若手を殴りつける鬼軍曹《ぐんそう》がいました。部下たちは皆、コテンパンにやられますが、やがて戦争が終わったときに、無事に生き残った部下たちは、軍曹に言いました。

「あなたに厳しく指導されていなかったら、今ごろ死んでいました。このご恩は生涯、忘れません」

そして軍曹や部下たちが国に帰ると、アメリカは未曽有の大不況。失業した元軍曹が、やっと見つけた仕事はハイヤーの運転手でした。

その後、何年もの歳月が流れたあるとき、元軍曹が運転手として立派なホテルの玄関で依頼主の社長を待っていたら、その社長こそ、かつて自分が戦場で殴りつけた元部下だったのです。

「ご恩は生涯、忘れない」と言った部下ですが、月日が経った今、彼は元軍曹である運転手のことに気づきもしません。後部座席で新聞を読みながら、「右に行け」とか「左に行け」とか言うばかり。挙句には、「あぁ君、案外運転がうまいね。このあとも頼むよ」と言い残し、最後まで元軍曹である運転手のことは気づきませんでした。

**人間は、いつまでも昔と変わらない人もいますが、変わる人がいることもまた、当然なの**です。誰もがいつまでも昔と同じだと思ってはいけません。

その昔に親しかった人に会いに行けば、こっちはノスタルジアとも相まって「懐かしいな！」と感極まっているのに、向こうは「忙しいのに面倒な人が……」なんて思っていることだってあるのです。

昔の友人に久しぶりに会って、そこから新しく何かが始まることは、もちろんあります。だから積極的に人に会いに行くのは構いません。

でも、**「必ずそうなるもの」と期待してはいけない**、ということです。

期待が外れたときの孤独感は、ひとしお身に沁《し》みるでしょう。

皆、それぞれの人生を歩み、かつてとは違う思考で今を生きています。過去の人間関係に期待するよりは、今の自分の価値観に合う人と付き合ったほうが人間関係はうまくいくでしょうし、心の健康も保たれるでしょう。

「遠い縁《えにし》の、彼《か》の人の……」なんて思って、その昔に縁のあった人を懐かしみ、訪ねたりしてはいけません。過去に自分が行ったことのある場所よりも、むしろ行ったことのない場所へ出かけてみましょう。

## なぐさめの言葉は、孤独感を癒やす――打ち明けるなら、この予防線を

私が孤独感を持ったのは、どんなときだったか？

一つは、歯が痛んだときでした。歯が抜けた話はしましたが、ときどきそこが痛んで夜中まで辛いことがあったのです。でも、娘も孫も皆、私の痛みなんてお構いなしに、グーグー寝ている。そんなときは、「お前ら、なんだ。ずいぶん親切に育ててやったのに、なんで平気で寝てるんだ……」と感じました。

もう一つ思い出すのは、耳に不具合が生じたときです。私は左耳が難聴なのですが、右耳に耳垢が溜まり、病院で取ってもらったことがあります。その一時期、右耳も聴こえなくなり、聴覚がほとんどなくなったことがあったのです。

その際中はさすがに不安なのですが、当時一緒に住んでいた娘は、いつもどおり平然と日常を過ごしています。当たり前ですが、こちらがどんなに不安なのか理解してくれません。そして「なんて自分は孤独なんだ」という感覚を抱いた覚えがあります。どちらも、体に痛みや不具合を抱えて、独りでそれに耐えているときでした。

「病気になる」ということは、人間も動物である以上、本来は隠すべきことです。それをあけっぴろげに周囲に知らしめるのは、「自分の弱みをさらけ出す」ことにほかなりません。だから、本来の生存戦略上においてはそれは推奨されません。動物社会であれば「餌にしてくれ」と言っているようなものですし、これが戦国の世であれば、寝首をかかれる危険性だってあります。

それなのに、年を取ると皆たいてい、「私は糖尿病なんです」とか、「心臓が悪くて」「腰が痛くて」……と、自分の病気をカミングアウトします（不具合自慢？）。近所の人から見識の高い学者やら著名人までもが、誇らしげに（？）言いふらします。

なぜ、そんなことをするのでしょうか？

もちろん、自分の闘病する姿を見せて「同じ病気で苦しむ人々を勇気づけたい」という気持ちもあるかもしれません。でもその一方で、**誰かに「慰めてもらいたい」という思いがある**ことは否定できないでしょう。

医学の世界にいると、それをはっきりと感じます。

というのも、人に健康法を滔々《とうとう》と語っていた当の医者が「糖尿病になりました」とか、「がんになりました」などと打ち明けることは、あまり褒《ほ》められたものではありません。大学の教授が、「大学の入学試験を受けてみたら、落ちました」と言うようなものだからです。「プロなら健康を損ねるな！　医者の不《ふ》養生《ようじょう》だ！」と笑われてもおかしくありません。

ところが、お医者さんの世界を見れば、大先生として名を馳せているような偉い方ですら、「○○の手術をしました」「○○が悪くて、毎日のように痛み止めを飲みながら仕事をしています」などと、公表しています。

それはやはり、「大変ですね」「先生、負けないで頑張ってください」といった慰めの言葉をかけてもらいたい、という思いがあるからでしょう。もっとも、偉そうにこんなことを言っている私だって、大きな病気にかかったら、きっと公言するのでしょう。

不安になればなるほど、孤独感を抱けば抱くほど、人は「癒やし」の言葉を聞きたがる。それは防衛本能のようなもので、人間である以上、仕方がありません。それを非難するつもりはありませんし、どこかで甘えてしまうのは避けられないことでしょう。

**ただ、相手は必ずしもこちらの期待するような言葉をかけてくれるとはかぎりません。**「慰めてもらいたい」と思って打ち明けたのに、優しい言葉が返ってこなければ、孤独感はますます増してしまいます。

だからこそ大切なのは、自分の中のそうした心理を理解し、**むしろ自分で、「お前は辛いんだな」**とか、**「誰かに助けてほしいんだな。わかるよ」**なんて、**自分を癒やしてあげる**ことなのです。

## 人はまったく相反する感情を同時に持てる——愛する人への疑心や憎しみに、この予防線を

毅然《きぜん》としているその一方で、他者に癒やされたいと思う。「人間嫌いだ!」なんて嘯《うそぶ》く一方で、孤独感を引きずっている——**そんなふうに、人間は、矛盾する思いを同時に持てる生き物です。**

人間は、強くもあり、弱くもあるのです。ありのままの自分を認めずに、強いほうの自分ばかりを認め、弱い自分を否定していたら、いつか心もまいってしまいます。

第一次大戦下、アラブ民族を指揮してアラブ独立戦争を先導したイギリス人将校を描いた映画、『アラビアのロレンス』で、主人公ロレンスは、仲間思いの人間として描かれます。流砂に落ちた仲間を命懸けで助けたりもしました。

ところが仲間が罪を犯して同じ部族の民から彼を殺すように要求されたとき、ロレ

ンスは「おれが殺すから」と、大切にしていた仲間を冷酷に撃ち殺したのです。のちにイギリス軍は、任務に成功したロレンスを大尉に昇進させようとしますが、彼はそれを辞退しました。理由を聞くと、「おれは自分の大切な部下を殺した。それを自分は許せない」と言います。

アラブの掟《おきて》に従ったのだから、仕方ないのでは？　と聞かれると彼は答えました。

「掟に従ったのはいい。けれど自分で自分を許せないのは、部下を罰したことを自分が喜んだからだ」

ロレンスは異常者ではありません。私たちは愛している人に対して、同時に憎んだり、不幸を望んだりすることがあるのです。この映画で私は、そうした重要なことを知りました。ですから、憎しみにまかせて、愛する人を傷つけないよう常に注意することが肝腎です。

現実の事例としては、スマホを取り上げられたことに怒った13歳の女の子が、母親を殺害した事件がありました。彼女が言うには、母親を大変に慕っていたとのこと。

**殺してしまうほど憎む一方で、ものすごく愛してもいる。そういう矛盾する感情を、**

**人間は同時に持てるのです。**

だから他人に対して、「冷たい」とか、「私のことを尊重してくれない」などと、一面的・短絡的に考えてはいけません。人は尊敬している人間のことを邪険にすることもあれば、「会いたい」と思っている人間との約束を、反故《ほご》にすることもあるということです。

そして、孤独に関していえば、「自分に好意的な人間」であっても、物理的に距離を置くようになることはあるし、「仲がいい」と考えている人間にずっと会わない選択をすることもあるのです。

コロナ禍では、「仲のよかったカップルでも、2年間も顔を合わせない」なんてことがザラにありました。それでも緊急事態宣言が解かれれば、以前のような付き合いは再開しています。**ですから、物理的に多くの人が周りにいない環境を、「孤独」だとは決めつけないことです。**仲のよかった人やあなたに好意的な人から少々距離を置かれている、と不安に思うことがあったとしても、「精神的なつながりは、今までどおりある」と思っておくほうが、何かとうまくいくのです。

## そういうわけで「会話不足」なくらいが、嫌われない

心理学者であり精神科医のフロイトが、「患者さんの話を聞く」という対話式の治療法を行なったことを先に述べました。孤独感を癒やすために誰かと話をすることは、重要です。コミュニケーションが減れば、心の問題が起こったり、認知症の原因になったりします。

しかし、必要以上に周囲に対話を求めるのも問題です。「孤独感」への対策としての対話であれば、家族や友人などの近しい人間よりも、医者やカウンセラーなどのプロに求めたほうがいいでしょう。

理由は、もうお察しかもしれませんが、まず、「歓迎されないから」です。

相手は決して、あなたに辛い思いをさせたいわけではないし、あなたが嫌いなわけでもありません。ただ、みんな、それぞれに自分のやることがあって忙しいから、と

りとめのない、のんびりした会話に付き合う余裕がないだけです。

自分自身のことを思い起こしてみたら、わかるでしょう。若いころに、くる日もくる日も、お年寄りとの会話を楽しんだ記憶なんてないでしょう。

高齢になると特に、相手が嫌がるほど話しすぎる傾向が出ます。だから、話し足りなさを感じるくらいのほうがいいのです。

- **「話す」のは、腹八分くらいに抑える。**
- **反論するのは一度だけ。**
- **「あぁそうだ、あのとき……」なんて、話に余計なことをつけ加えたり、余計な詮索をしたりしない。**

特に久しぶりに会う相手と話すときは、この三つに気をつけましょう。

私は話し好きですから、誰であっても話し足りません。別れたあとで、「あれも言っておけばよかった」「この話をしておけばよかった」なんて思うことがよくあります。

でも、それらはたいてい、「言わなければよかったこと」なのです。**言いたいことを思う存分に言ってよかったことなど、一度もありません。**

逆に、その瞬間は、もの足りなく感じても、あとあと思い起こしたときに、「ああ、余計なことを言わなくてよかった」と、ほっとしたことは何度もあります。

## 他人のことに深入りしない、させない

先日、ある医師の知人に久しぶりに会ったとき、「ああ、余計なことを言わなくてよかった」とほっとしたことが、その好例でしょう。

久しぶりにいろいろ話せた勢いもあったせいか、私は、「ところで、おたくの息子さんは医者を目指していたと思いますが、どうされましたか？」などと、余計な詮索をしたくなったのです。

でも、ちゃんと医者になったのであれば、その情報は私の耳に入っているはずです。

それなのに入ってきていないということは、要するにそういうことなのでしょう。

ならば、相手だって触れてほしいわけがない。余計なひと言のせいで、相手に、「会わなきゃよかった」なんて、私と話したことを後悔させてしまったかもしれません。

同じように、「ところで、まだおひとりですか？」「お子様はいらっしゃいますか？」といった自分の好奇心から聞きたい話題ほど、相手にとっては「別にどうだっていいこと」か、「詮索されたくないこと」である可能性があります。

**対話は大切ではありますが、相手の気分を害するような余計な詮索が増えるなら、コミュニケーションの量は増やさないほうがいい。**

最近はコミュニケーションの重要性が叫ばれていますから、会社でも上司が部下に、つい余計なことを言ってしまうリスクが増しています。そんな余計なやり取りを増やしたところで、仕事の問題も孤独感も解消されませんし、そもそも私たちも、その手の雑談で孤独感を紛らわしたいわけではないはずです。

それなのに、人との関係が希薄になってくると、なんでもいいからとにかく「話そう」となり、かえって盛り上がらないことに陥りがちです。コロナ禍での「リモート飲み会」などは、だいたいそんな不毛な時間になることが多かったでしょう。

**「会話を増やさなければいけない」というのも、孤独感と同じく、一つの幻想にすぎないのです。**あまり周りの風潮に惑わされてはいけません。

## エロじいさんと呼ばせない？〝変な色欲〟は、禅と「この思い」で昇華

人が孤独感を覚えるのは、**裏を返せば「誰かと、何かをしたい」という欲求がある**ということです。もっと言えば、「その誰かが、今、自分がもてあましている時間を楽しい時間に変えてくれるのではないか」と期待しているのです。

そんな望みの薄いことに期待していても、状況は何も変わりません。

禅画の伝統的な画題や文芸の題材に「寒山拾得《かんざんじっとく》」というのがあります。中国・唐代の風狂の僧であり詩人でもあった寒山と拾得という二人の、脱俗の境地を描いたものです。寒山は洞窟に住んで詩作をしながら、近くの禅寺の拾得から残飯をもらうなど

して親しく交わった、という伝説にちなんだものです。

**寒山のように質素な隠遁《いんとん》生活をしていても、人は十分に心満たされた生活を送れるというのに、「もっと楽しみたい」などと変な欲を出すから、それがかなわずに孤独感を覚えてしまうのです。**

以前、84歳になって未亡人と不倫をして話題になった禅の師匠がいました。悟りを得ようと修行をしている人ですらそんなものであり、男はみんな年を取るとエロじいさんになる面はあります。そうではあるのですが、だからといって下ネタにばかり興味を持ち、変な欲ばかり抱いているようでは、ますます皆から突き放され、孤独感を抱くはめになるでしょう。

**大切なのは、欲求をコントロールする術《すべ》を身につけることです。その一つの方法として「禅」があります。**

私があまり孤独感を持たずにすんでいる大きな理由も、禅を学んだことにあります。といっても、坐禅は私には向いていなかったので、やっていることはときどき読経をするくらいですが、それでも心を無の状態にでき、いきすぎている自分の感情を整えることが可能です。

もう一つの理由は、**欲求をできるだけ「人のため」「世の中のため」に向けているから**です。私の場合は、「本を書くこと」が一番の欲求ですが、それは別に印税がほしいからではありません。ただ可能なかぎり、医学者として積み上げてきた知識を世の中に役立てたいからです。

もちろん、本を出せるほどの機会に恵まれる人は、ごく少数でしょう。でも、別に方法はなんだっていいのです。ブログやSNSで、何か役に立つ情報を発信したっていいいし、社会活動でもボランティアであってもいい。なんらかの形で「人の役に立っている」という実感が持てれば、邪《よこしま》な欲望に足をすくわれて孤独な思いをするはめになるより、はるかに充実した人生が期待できるでしょう。

ただ、これもまたスポーツと同様に、**決してその貢献度を人と比べたり、過度な評価を人に期待したりしてはいけません。**「自己満足できる程度で十分」と考えることこそ、年を取ってから「やりたいこと」をずっと続けていけるコツだと私は思います。

# 「苦しまない老後」が私の理想

私は高齢になってから、「双極性障害」という病気だと診断されました。

双極性障害というのは、以前は「躁うつ病」といわれた、ハイテンションの状態と、うつの状態を繰り返す心の病気のことです。HSP（Highly Sensitive Person）という、普通の人よりも神経が繊細で、周囲の環境に敏感な人が罹りやすい病気とされています。

これも、経験した人にしかわからない苦しさだと思いますが、その当時は「この苦しみから救われるなら、全財産を投げ出してもいい」と思ったほどしんどい状態でした。

双極性障害の人がうつの状態になると、自殺をしたくなります。イギリスの作家であり評論家のヴァージニア・ウルフや、アメリカの作家であり詩人のヘミングウェイもそうでした。躁状態のときには活動的で、多くの芸術作品を残す傾向があります。

しかし、ほとんどの期間はうつ状態であり再発も多く、薬も効かず、非常に苦しいとされます。あまりの苦しさに、「治してくれるなら、なんでもする」と思う人も多く、宗教に救いを求めて多額の献金をしたり、体から悪霊を祓《はら》うなどという、怪しげな治療法にすがったりする人もいます。

私も苦しさのあまり、「こんな状態で一生を送るなんてもう嫌だ！」などと思ったりもしましたが、禅の考え方を学び、読経をして心をリラックスさせるうちに、いつのまにか症状もなくなっていました。症状は似ていても、実際はうつ病と認定されるような段階にまでは至らなかったと思います。

私の場合は、その程度の軽い症状でしたから、うつ病の方の参考にはならないかもしれません。でも、超敏感な気質であるＨＳＰを、うつだと誤解している方々には参考になるでしょう。

方法は、私の例のような「禅の考え方」にこだわらず、尊敬する偉人の生き方や哲学でもいいし、憧れの人の生き方を真似するのでもいいので、**自分の心を落ち着かせる信条のようなものを持つこと**です。そうすれば、いざというとき――不安が増し、孤独を怖がるようになったときに大きな支えとなるはずです。

## 「徳を損なわない」この開き直りが、孤独を防ぐ

今の私は、禅を学んだおかげで、ＨＳＰにも双極性障害にも感謝できるようになりました。

**「陰徳は天地の光陰に勝る」**とは、お釈迦さまの言葉ですが、仏教を学んだおかげで、今の私はどんな欲望が頭をよぎったとしても、「陰徳はもちろん、どんな徳も損なったらおしまいだ」と考えるようになっています。

だから「ＨＳＰだった」「双極性障害になった」という経験を生かし、かつての私と同じように悩み苦しむ人のために、本を書くようになったのです。あれほど辛い思いをしていなければ、今さらそんなふうに徳を積むことなどできなかったでしょう。

私自身はまったくだらない人間かもしれませんが、徳を損なえば積徳の蓄えを失

う、積徳の蓄えを失えば必ず不幸になる、病気になる、苦しい思いをする、本が売れなくなる……。そう思うから、今も生きがいを持って仕事をしていくことができるわけです。

**淋しい自分を癒やすことよりも、淋しい人間でも積める徳を考える。**

そんなふうに開き直って、これからの人生を楽しむようにすればいいのではないでしょうか。

## 6章 まとめ ● 価値ある気づきとハツラツ人生の智慧

●昔の友人に昔と同じ関係性を期待するのはやめよう。十数年以上も経っていれば、相手の趣味嗜好も価値観も変わっていて、こちらが期待する反応が返ってこない可能性は高く、かえって孤独感を抱くこととなりがち。前を向いて新しい出会い、新しい人間関係を築こう。

●自身の体の不調や病気について他者に打ち明けてもいいが、必ずしも慰めてもらえるとはかぎらないと予防線を張っておこう。慰めてほしいと思ったら、むしろ、自分で自分を励まして癒やそう。

●孤独感を癒やすために対話を求めるなら、あるいは本当に辛くて仕方のないときは、家族や友人より医者やカウンセラーなどのプロに相談しよう。

●人間は、まったく相反する感情を同時に抱くことがある。たとえば、好意を抱いている相手であっても、会わない選択をすることもある。だから、たとえ疎遠になったとしても、孤独だとか嫌われたなどと決めつけないこと。そして、相手との精神的なつながりは、今までどおりあると思っておくほうが、何かとうまくいく。逆に自分も、愛する人を傷つけないように、気をつけよう。

●久しぶりに会う相手と話す際は、「話すのは、腹八分くらいに抑える」「反論するのは一度だけ」「話に余計なことをつけ加えたり、余計な詮索をしたりしない」。

●邪な欲望にばかり興味を持っていたら、皆に敬遠され孤独になる。禅などではなくてもなんでもいいので、自分の欲求をコントロールし、心を落ち着かせる信条のようなものを持つとよい。

●徳を損なわないような生き方をしよう。淋しい自分を癒やすことよりも、淋しい人間でも積める徳がないか、考えよう。

# 7章

# 気にしない！ ゆっくり365日を楽しむ練習

……趣味、社会貢献、お天道さまも微笑む時間の過ごし方

# 65歳からの「趣味」は新基準で楽しめば間違いなし

年を取ってからの人生をより楽しむために、趣味を持つことは、いいに決まっています。「引退して暇なんです」と言えば、誰もがこう答えるでしょう。

「趣味を持ちなさい！」

でも私に言わせると、**「趣味に依存してはいけない」のです。**

これこそ、皆さんがもっと知るべき現実だと思うのです。なぜなら、**「趣味があるがために孤独感を持つ人」が、世の中には意外と多いから**です。

というのも、多くの趣味は、「健康であること」が前提になっているからです。

映画鑑賞や読書は、視覚がしっかりしていることが前提にあり、音楽鑑賞は、聴覚がしっかりしていることが前提にある。スポーツを楽しみ、楽器を弾くには、足腰や手指がしっかり動くことが前提にあります。

でも高齢になったら、今まで当たり前だった、このような前提が崩れ去ることなど、ごく普通に起こるのです。ほんの少し視力が落ちただけでも、文字を読むのは辛くなります。手足が自由に動いても、俊敏に走って高速のサーブを打ち返すことができなくなれば、上手だった人ほどテニスがつまらなくなるでしょう。

趣味に依存することの問題は、まさに大好きな趣味が楽しめなくなったときの喪失感が大きくなってしまうことにあります。

ある方は、歌が大好きで年を取ってからバンドを組み、みんなの前で歌うことだけを生きがいにしてきました。でも、声帯がやられてしまい、思うように声が出せなくなったのです。

彼はバンドをやめて裏方に回りますが、ほかのメンバーが気持ちよさそうに歌っている姿を見ると、羨ましいうえに自分が情けなくて仕方がありません。結局、仲間から距離を置くようになり、家で塞ぎ込んだきり、ほとんど外出しなくなってしまいました。

このようにならないためには、「趣味だけが自分の生きる道」なんて決めつけずに、何事も、〝ほどほど〟のレベルで満足することです。

シンガーソングライターの小椋佳《おぐらけい》さんは、あれだけ素晴らしい歌を書いて歌っていたのですが、まだ声も十分出るにもかかわらず、かつてのようには歌えないという理由で、もうコンサートはしないことを決断されました。加山雄三さんもしかり。

でも、彼らがそう決めたのは、常に最高レベルの歌を届けてきたプロだからであり、私たちがその基準に合わせる必要は、まったくありません。

そもそも小椋佳さんだって、加山雄三さんだって、趣味では音楽を続けるのかもしれませんし、私たちもそのくらいのゆとりを持つほうがいいのです。

本が好きな人は、視力が衰えたとしても、タブレットで電子書籍の文字を思いっきり拡大して読むとか、オーディオブックを活用する方法もあります。

できないことが増えたなら、ほかの方法でチャレンジすればいい――そんなふうに、趣味も柔軟に構えてトライすればいいのです。その気になれば楽しむ方法は、いくらでもあるでしょう。

## どうする？ 夢中になれる趣味がないなら

どんなに自分に才能があっても、年を取れば、何事も今までのようにはできなくなる。どんなに自分に、「これにのめり込みたい」という情熱があっても、体のほうが許してくれないことがある。

**そんな中で私たちが目指すべきなのは、自分に残されたわずかな能力をかき集めて、それで「できること」を探していくこと**ではないかと思います。

私はこれといった趣味もないし、特別な才能があるわけでもありません。こうして本を書くことが生きがいになってはいますが、五木寛之《いつきひろゆき》さんや曽野綾子《そのあやこ》さんのような文才があるわけでもありません。

でも、医学者として学んできた知識と、長い年月を経て蓄積してきた豊富な経験と、なんとか築いている人間関係があるからこそ、こうして得意分野での著書を執筆することができているわけです。それで少しは世の中や読者のためになっているのですから、これ以上の喜びはありません。

こんなふうに、「できること」をかき集めればいいのです。

私に言わせれば、**夢中になれる趣味なんて、まったくなくて構わない**。今日はこれをやろう、明日はあれをやろうと、思いつきで毎日をどんどん更新していけばいい。

パソコンやスマホに触ってみてもいいし、行ったことのない場所に行ってみるのもいい。別にそれは人に自慢できるレベルでなくていいし、本当に近所のありふれた場所を歩くくらいのことでもいい。

そうした小さなことを積み上げる中で、何歳になっても自分が成長し、ときには人の役に立てることを知る。

それくらいでも、人は十分に生きがいを持てるし、孤独を感じない生き方をしていくことができるのです。

だから、自分から何かが失われていくことを、決して恐れないように。

**ただ、「徳を積むこと」と「他人を思いやること」だけは、忘れてはいけません。**

そうしないと、せっかく何かをやりはじめても、周りの人がどんどん離れていってしまいます。

別に、いつも一緒にいるという人間関係でなければいけないわけではありません。ただ一瞬すれ違う人や、その場かぎりの相手を、その都度、大切にしていく。

ほんのいっときでも、**「人と自分が関わることができ、自分の力でその人たちを喜ばせることができるのだ」**とわかっていれば、孤独感に心が折れてしまうことなどないでしょう。

## いつもと違う掃除が、世の中を大きく変えるかも

そう言うけれど、高田先生は医科大学の教授までやっていた人でしょう？　ごく普通の会社員だったとか、あるいはずっと主婦だったという人は、「自分にできることなんてあるのだろうか？」なんて、考えてしまう読者もいるかもしれません。

「何ができるのか」は、問題ではないのです。できることは、「なんだっていい」ので

す。

難しいことを考える必要はありません。

「どれくらい世の中に貢献できたか」とか、「どれくらい人の役に立ったか」なんて、考えても意味がないのです。そもそも判別のしようもないし、後世への影響力の程度など、誰にもわかりません。

たとえば、あなたが自宅の玄関を掃除する際、ふと思い立って、周辺の道路まで掃除をした。たまたまそこを通りかかった科学者が、いつもより道がキレイなことで、非常に気持ちよくなった。その日はあまりに気持ちいいから、部下が「こんな研究をしたいんです」と申し出た際に、いつもならケチをつけて却下するけど「いいんじゃないの」なんてOKを出した。

そして、その研究が何十年後、世界中の人を幸せにすることになった……なんてケースを考えれば、**「誰がどれだけ世の中の役に立っているか」なんて、それこそ神のみぞ知ること**なのです。

さらに、〝下手な鉄砲を数撃つこと〟です。神様でない私たちに、自分の行ないが世界に与える結果など、すぐには見えません。けれども、どこかできっと世界を変えていると信じていれば、日々、気持ちが引き締まりますし、崇高な喜びも湧いてきます。

要するに自分が気分よくなれば、それでいいではありませんか。

『チップス先生さようなら』という、60年代の有名な映画があります。第二次大戦下での教師と女優の切ないラブストーリーです。

そのチップス先生の晩年は、パブリックスクールの校庭の片隅で、朝、登校してくる生徒に挨拶をするだけ。でも、ものすごく当人は幸せなのです。未来を担う子供たちに挨拶するだけで、これ以上の貢献はないと考えている……。

そんなことだって十分なのです。

## 自分なりでいい――答えは心が知っている

チベット仏教の僧侶や信者は、聖地のラサやカイラス山へ、何日も何カ月も、ときには何年もかけて巡礼の旅に出ますが、その間ずっと「五体投地《ごたいとうち》」という独特の礼拝《らいはい》方法を繰り返しながら進むのが正式だとされます。巡礼の際の五体投地は、まず、体を地面に投げ出すようにして俯《うつぶ》せになり、両手を頭の上で合わせて合掌。そして起き上がり数歩歩いて、また地面に身を投げ出して頭の上で合掌……これを延々繰り返しながら、ちょっとずつ進んでいくのです。

そんなことをして何の意味があるんだ、と思う人も多いかもしれませんが、彼らにとっては、それが真の信仰心の体現であり、至福の行為なのです。もちろん、私には真似のできないことですが、あれほどしんどい巡礼をする彼らは、本当にすごいと思います。

一方で大きな会社に入り、役員くらいまで出世をすれば、黒塗りの車の送り迎えがつきます。大勢の部下たちが頭を下げ、やれ専務だ、部長だと、崇め奉ってくれるかもしれません。

**でも、だからといって社会貢献度が高いわけではありません。**議員や役人は偉いとか、大金持ちは普通の人と違う、といった考え方があるから、自分を偉い存在と思い込むようになるだけです。

年を取れば、車での送迎だの表敬だの、その種の習わしとも無縁になっていきます。社会との関わりが少なくなるから当然のことで、昔と同じことを求めても仕方がありません。**他人の反応ではなく、自分のやること自体に喜びを見出していきましょう。**

何をすれば本当の貢献になるのか？　その答えは、社会ではなく、自分の心が教えてくれます。

そして重要なのは、決して無理をせず、**自分自身の心の満足を求めていくこと**です。それは**社会的立場や経済的成功の度合いに関係なく、誰にだっていつでもできるこ**とだと思います。

## 意外な「生きがい」が見つかるヒント
## ①記録する

人生に生きがいを見出すためにおすすめしたいのは、**「日々の活動を記録していく**

**こと」**です。日記でもいいし、もっと簡単なメモやブログ、SNSでも構いません。文書を書くのが面倒であれば、画像を撮っておくだけでもいいと思います。

実は私も、日々の活動を画像の形で記録しています。といっても難しいことをするわけではありません。打ち合わせや共同研究など、なんらかの活動をしたときにスマホで1枚、画像を撮り、パソコンに保存しておくだけ。

もちろん過去を回想するために記録すれば、孤独感を生みますし、あまり楽しいことではないでしょう。ただ、写真が増えていけば自分の活動を確認することができるし、「次はあれをしよう」といったアイデアにつながることもあります。

また、それをFacebookやInstagramで発信していけば、人と交流し、新しい仲間を作っていける可能性もあるでしょう。私は、撮った画像の一部は、自身のホームページにも掲載しています。

## 意外な「生きがい」が見つかるヒント
## ②生き方のモデルを見つける

もう一つ、生きがいを見出すために有効なのは、**「憧れの対象を持つこと」**です。

「今さら憧れなんて」と、思うかもしれません。でも、「こんなふうに生きたいな、こんなふうになりたいな」というモデルがあれば、特別な相談相手がいなくても、「いよいよ、これをしよう!」というアイデアを思いつきやすいでしょう。

単純な話、**憧れの人がやっていたことで、できそうなことを真似てみるだけでもいいのです。**

私にもそんな憧れの人はいます。たとえば慶應の先輩です。すでにレジェンド的存在ですが、97歳まで現役の研究者としてバイタリティーあふれる活動をされており、アメリカの研究所に行く途中で、天寿を全うされました。奥さんを亡くしてから孤独ではありましたが、それでも人生を楽しんでいらしたと思います。

もう一人、なんといっても憧れるのは、スペインの画家、サルバドール・ダリです。著名人の多くが何度も結婚と離婚を繰り返す中で、ダリは派手な人生で知られたにもかかわらず、生涯一人の伴侶とともにありました。

愛する妻が死去し、ダリが年老いて病気になったとき、昔の恋人が会いに来たことがありました。年齢は彼より40歳ほど若い、40代の美しい女性です。

孤独に生きている老人ならば「体が不自由だから、少し面倒を見てくれよ」などと言ってそばにいてほしがると思います。彼女もおそらくはそのつもりだったでしょう。再婚すれば、多額の遺産が手に入るかもしれませんし。著名人には、妻や夫に先立たれたあと、若い女性や男性と再婚する人が多いのです。パブロ・ピカソもそうだし、1章で紹介した映画監督のレニ・リーフェンシュタールもそうでした。

でも、ダリは彼女と一緒に暮らすことはありませんでした。

ダリは晩年、妻にプレゼントしていた「プボル城（ガラ・ダリ城）」というスペインの田舎にあるお城に住んでいたのですが、その城の暗い一室で、彼は自分の顔が逆光になって相手によく見えないようにして、その女性と面会したそうです。かつての恋人に、自分の老いた姿を見せたくなかったのでしょう。

歳月がもたらした自身の変化をしっかりと認識し、欲望よりも自分のプライドを優先する――年を重ねてもそんな誇り高く生きたダリに、本当に憧れてしまいます。

## たまの奮発よりも、日々の「気持ちいい！」に大きな価値がある

本書の最後にお伝えしたいのは、世の中に貢献していけるのも、いつまでも幸福感を持っていられるのも、**やはり、「すべては健康な体があってこそ」**ということです。

そうでないと、人間はすぐ孤独感に支配されてしまいます。孤独感を克服するのも大切ですが、それ以上に、孤独感が体を蝕むことのないよう、**体を最大限にメンテナンスして保っていくこと**はもっと大切なのです。

理想的な腸内細菌と、食べ物の選び方について、それぞれ4章と5章で述べました。

また世の中で喧伝《けんでん》される運動の習慣は、すでに耐用年数を過ぎた肉体を酷使すること

なく、最低限に抑えておけばいい、とも述べました。

それらに加えるとすれば、**「暖かい環境にいるようにすること」**でしょう。

日本人は温泉が好きだといわれますが、日本人にかぎった話ではなく、外国人もサウナなどが大好きであり、体を温めることは心身にいいのです。皮膚を温めることは、心を温めることにつながります。

だから年を取ったら、面倒がらずにできるだけ毎日、長くお風呂に入るほうがいいと私は主張し、実際に自分でも実行しています。

私がおすすめするお風呂の入り方は、次のルールを守ることです。

① 温度は41度くらい、あまり熱くはしない
② 体を洗ってから上がるまで、全体で40～45分は浴室にいるようにする
③ リラックスできるよう、クラシックなどの音楽をかける
④ 浴槽の中では、できるだけ**体を浮かせる**

浴槽の中で体を浮かせるのは、関節や骨などを重力から解放して、関節を傷めないようにするためです。浴槽から出るときにも注意しています。急に立ち上がると、血圧が下がって立ちくらみが起こり、転倒する場合もあるので、立ち上がるときは、お腹に力を入れて脳に血液が回るようにしています。

お湯につかってリラックスする間は、至極の時間のように感じます。浴槽から出たり入ったりしながら、できるだけ長くお風呂に入っていることを私はおすすめします。多少嫌なことがあっても、お風呂で気分よくなることで、すべてを忘れることができます。

もちろん温泉に行ってもいいのですが、特別に旅行をするような場合のみに喜びを見出していくよりは、**いつもの何気ない日常を楽しくすることのほうがずっと大切**だと思います。そのためには入浴剤なども使い、毎日のバスタイムをもっと楽しみましょう。

あとは買い物に行ったり、近所を散歩したり……。

あらたまって旅行に行く必要もなければ、ジムに通う必要もありません。**毎日、当**

**たり前のように実行していることを楽しみ、当たり前のようにやっていることで癒やされる工夫をしていけばいいのです。**

さらに気が向いたら、旅行に行くのではなく、近くのバス停からバスに乗って、あるいは電車で人が多く行き交う街に出向いてみればいいでしょう。

高齢になると、バス代も割引のチケットがもらえます。だから私は家からバス一本で行ける錦糸町《きんしちょう》や御徒町《おかちまち》にちょくちょく出かけますが、知人に会ったりすることはありません。それでも大勢の人が賑やかに行き来する姿を見るだけで、決して自分が一人で生きているわけではないことを感じるのです。

皆といる時間はとても楽しい時間かもしれない。でも、一人の時間だって、とても楽しい時間である、ということ。

私たちは孤独かもしれないけれど、決して孤立しているわけではない。

自分が今、一人でこの時間、この場所に生きていること自体が、ものすごく幸せなことなのです。そういうことを一つひとつ確認していくようにしていきましょう。

皆さんも、本書で述べたことを、ぜひ参考にしてみてください。

## 7章 まとめ ● 価値ある気づきとハツラツ人生の智慧

●趣味に依存しないこと。多くの趣味は健康であることが前提になっており、体の自由が利かなくなって今までのように趣味を楽しめなくなると、孤独感を抱くことがある。できないことが増えたら、ほかのやり方で楽しめばいいと思っておくこと。

●夢中になれる趣味がなくても構わない。今の自分の能力をかき集めてできることを探していくこと。毎日小さなことを積み上げる中で、何歳になっても自分が成長し、ときには人の役に立てることを知れば、孤独感を覚えることなく、生きがいを持てる。

●徳を積む、他人を思いやる、その場かぎりの相手をその都度大切にしていく。

●どれだけ人や世の中に貢献し、役に立ったかは、神のみぞ知る。成果や結果など気にせず、自分の信じることや、自分の心が満足することをしていけばいい。

●生きがいを見出すために日々の活動を記録しよう。また、生き方のモデルを持とう。

●皮膚を温めると心が温まる。日々、風呂に入り暖かい環境にいること。

おわりに

# 孤独という幻想を捨て、誰かのために、何かをしよう

6章の終わりで「徳を積もう」という話をしましたが、私にとって本を書くことは、自分にできることで大勢の人に役に立つ、一つの使命だと思っています。

そんなふうに、自分にできることで、誰かを喜ばす——といっても別に難しいことをする必要はないのです。その気になれば簡単なことで、私たちはすぐに誰かを喜ばせることができます。それだけでも、決して人は孤独などではありません。

人が孤独でないことは、本書で詳しく紹介した「腸内細菌」を見てもわかります。その数は100兆個に及ぶとされますが、彼らは私たちが生まれたときから腸内に寄生し、絶えずメンバーを補充したり、入れ替えたりしながら、私たちの健康を助けてきました。私たちは、彼らと直接コミュニケーションを取ることはできませんが、その存

在はどんな密接な人間関係よりも親密に、常に「私たちとともにあった」のです。

人間は生物単体で生きているわけではなく、実は大勢の仲間と共同作業をしながら生きている。それだけを考えてみても、私たちは決して「孤独」などではありません。

年を取れば、若いときより体は動かなくなるし、どうしても自分一人ではできないことも増えていきます。

**でも、それは体が要求することであって、あなた自身が否定されているわけではない。**そのことを認めないから、人は自分を誇示したいと、余計な欲望に支配されます。

そしてこれがかなわないと、孤独感を持つようになる……。

そんな不幸に陥らないためにも、あるがままの自分を見つめ、無理なくできることで、世の中の役に立っていけばいい。

そして限界まで、自分の中で生きている腸内細菌という大勢の生命の役に立っていけば、人間は与えられた生を全うすることになるのではないでしょうか。

あなたの幸せを心より願っております。

高田明和

参考文献

1; Scot C.Anderson,John F.Cryan and Ted Dinan, *The Psychobiotic Revolution,* National Geographic, Washington DC,USA.

2; Gunjan Goel, Teresa Requena and Saurabh Bansal, *Human-Gut microbiome,* Academic Press,London, UK.

3; Joab Oliveira Salomão, *Human Gut Microbiota in Weight Loss and Depression,*Our Knowledge Publishing, Republic of Moldova.

4; Edward Ishiguro, Natasha Haskey, Kristina Campbell, *Gut Microbiota:Interactive Effects on Nutrition and Health,* Academic Press, Washington DC, USA.

Gut Microbiomes;*Nature,* vol, 577, 30 January 2020

Psychobiome;*Science,* vol.368,May 2020

高田明和編　『摂食と健康の科学』朝倉書店

高田明和　『生きているだけで不安なあなたを救う方法』三笠書房《知的生きかた文庫》

高田明和　『ＨＳＰと発達障害』三笠書房《知的生きかた文庫》

五木寛之　『孤独のすすめ』中央公論新社

岡本太郎　『孤独がきみを強くする』興陽館

森博嗣　『孤独の価値』幻冬舎

65歳《さい》からの孤独《こどく》を楽《たの》しむ練習《れんしゅう》

著　者——高田明和（たかだ・あきかず）

発行者——押鐘太陽

発行所——株式会社三笠書房

〒102-0072 東京都千代田区飯田橋3-3-1
電話：(03)5226-5734（営業部）
：(03)5226-5731（編集部）
https://www.mikasashobo.co.jp

印　刷——誠宏印刷

製　本——若林製本工場

編集責任者　清水篤史
ISBN978-4-8379-2942-0 C0030